职业院校课程改革特色教材（汽车类）

ZHIYE YUANXIAO KECHENG GAIGE TESE JIAOCAI (QICHELEI)

U0683992

汽车维修基本技能一体化学生手册

（第2版）

车小平　总主编

莫军　农强　谢廷锦　主编

李日成　梁莉　李国君　黎禄成　副主编

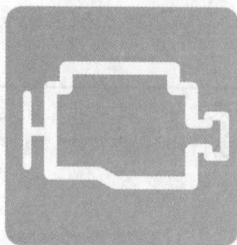

人民邮电出版社

北京

图书在版编目（CIP）数据

汽车维修基本技能一体化学生手册 / 莫军，农强，谢廷锦主编. -- 2版. -- 北京：人民邮电出版社，2019.8（2021.6重印）
职业院校课程改革特色教材. 汽车类
ISBN 978-7-115-50628-3

Ⅰ. ①汽… Ⅱ. ①莫… ②农… ③谢… Ⅲ. ①汽车－车辆修理－高等职业教育－教材 Ⅳ. ①U472.4

中国版本图书馆CIP数据核字(2019)第015811号

内 容 提 要

本手册与人民邮电出版社出版的《汽车维修基本技能一体化教程（第 2 版）（附微课视频）》一书配套使用，编排顺序与主教材体系完全一致。本书主要内容包括工具（普通工具，机动扳手，手钳和螺钉旋具，拉拔器、冲子与举升工具，活塞环与气门的拆装工具，汽车电气检测仪表工具）、量具（钢直尺、卡钳、塞尺及刀口尺，游标读数量具，螺旋测微量具，指示式量具）和钳工（钳工基础、锯削、锉削、钻孔与螺纹加工）。

本书可作为中、高等职业技术院校，技工类学校汽车类、机械类专业的教学用书，也可供有关人员参考、学习、培训之用。

- ◆ 主　　编　莫　军　农　强　谢廷锦
　　副 主 编　李日成　梁　莉　李国君　黎禄成
　　责任编辑　王丽美
　　责任印制　马振武
- ◆ 人民邮电出版社出版发行　　北京市丰台区成寿寺路 11 号
　　邮编　100164　电子邮件　315@ptpress.com.cn
　　网址　http://www.ptpress.com.cn
　　北京市艺辉印刷有限公司印刷
- ◆ 开本：787×1092　1/16
　　印张：6.75　　　　　　　2019 年 8 月第 2 版
　　字数：115 千字　　　　 2021 年 6 月北京第 3 次印刷

定价：19.80 元

读者服务热线：**(010)81055256**　印装质量热线：**(010)81055316**
反盗版热线：**(010)81055315**
广告经营许可证：京东市监广登字 20170147 号

编 委 会

本手册与人民邮电出版社出版的《汽车维修基本技能一体化教程（第 2 版）（附微课视频）》一书配套使用。

本手册的内容紧扣主教材的能力目标要求，既注重基础知识的巩固，又强调基本能力的培养。教师可根据本手册指导学生进行专业理论题练习、技能操作、考核评价。学生不仅可以通过本手册巩固所学专业理论知识，也可以按照手册中的项目操作规程、方法步骤等内容进行技能操作训练。本手册在每个任务的练习结束后都设有学生学习评价表和一体化项目（任务）考核评分表，方便教师对学生的操作技能及时进行评价，提高学生主动学习的积极性。本书每个项目后增加了综合训练模块，在学生掌握基本理论及技能的前提下，引入了汽车维修企业的工作模式，教师布置一项工作任务，由学生按照维修企业的规范操作流程，在教师的引导下完成工作任务，完成了教学任务与维修企业工作任务的无缝对接。这样，既能检验学生掌握专业技能的水平，同时也能体现教师的教学水平。

由于编者水平有限，书中难免有不妥和疏漏之处，敬请广大读者批评指正。

编者

2019 年 1 月

目录 CONTENTS

1 工具

任务一　普通工具

基础知识填空

1. 扳手是用来拆装_____的。汽车维修作业中常用的普通扳手有很多，如开口扳手、_____、_____、活动扳手、_____、内六角扳手、_____、_____等。

操作开口扳手时有哪些注意事项？

（1）开口扳手的扳口以_____，这意味着通过翻转开口扳手，可使扳手在有限空间中进一步旋转。

（2）为防止_____，如在拧松一根燃油管接头时，要用两个开口扳手配合来拧松螺母。

（3）开口扳手不能提供较大扭矩，因此不能_____。

（4）不能在扳手手柄上接套管，这会造成_____，损坏螺栓或开口扳手。

（5）确保扳手的口径与螺栓、螺母的头部大小合适，使扳手与_____
_____。

（6）不能将开口扳手当_____使用。

（7）禁止用水或酸、碱液清洗扳手，应用_____。

（8）为了防止扳手损坏和滑脱，应_____，如图1-1所示。这一点，_____

_____，损坏螺母和扳手。

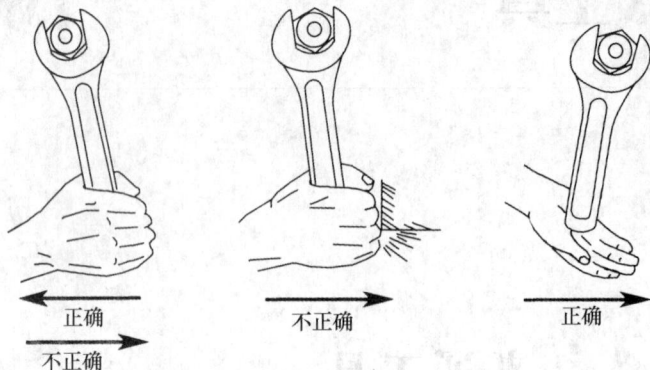

图 1-1　扳手的运用

（9）拉力方向与扳手成直角时，扳手的扭力最大。操作时_____

_____。

（10）普通扳手是按人手的力量来设计的，_____

_____。

2. 梅花扳手两端是环状的，环的内孔由两个_____。
使用时，扳动一定的角度后，扳手即可换位再套，因而适用于狭窄空间的操作。与开口扳手
相比，梅花扳手强度高，使用时不易滑脱，但套上、取下不方便。

3. 有一种两用扳手，一端制成开口，_____，两端规格相同，如图 1-2
所示。两用扳手兼有两种扳手的优点，用起来很方便。环孔制成四角、六角或八角的梅花扳
手，通常在汽车保修中有专门用途。四角或八角的梅花扳手适于拆四角螺母，八角的梅花扳
手还可拆八角螺母，六角的梅花扳手用于拆六角螺母，它与普通十二角的梅花扳手相
比，_____。

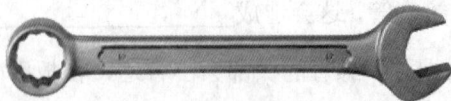

图 1-2　两用扳手

4. 梅花扳手应用在哪些场合？

（1）梅花扳手扳口是_____，可以容易地在有限
空间内装配螺栓、螺母。

（2）由于_____，因此没有损坏螺栓角的危险，

并可施加大扭矩。

（3）由于梅花扳手有弯头，因此可用于＿＿＿＿＿＿＿＿＿＿＿＿＿＿＿＿＿＿＿旋
转螺栓、螺母。

5. 梅花扳手在使用过程中有哪些要求？

（1）使用时，＿＿＿＿＿＿＿＿＿＿＿＿＿＿＿＿＿＿＿＿＿，轻力扳转时，手势与开口
扳手的相同；大力扳转时，四指与大拇指应上下握紧扳手手柄，向靠近身体的方向扳转。

（2）扳转梅花扳手时，＿＿＿＿＿＿＿＿＿＿＿＿＿＿＿＿＿＿＿＿＿＿＿。

（3）禁止使用＿＿＿＿＿＿＿＿＿＿＿＿＿＿＿＿＿＿＿＿＿＿＿＿＿＿＿。

（4）不能将梅花扳手＿＿＿＿＿＿＿＿＿＿＿＿＿＿＿＿＿＿＿＿＿＿＿＿。

（5）如果由于空间限制无法拉动工具，可＿＿＿＿＿＿＿＿＿＿＿＿＿＿＿＿＿。

6. 请写出图 1-3 中套筒扳手各组成部分的名称。

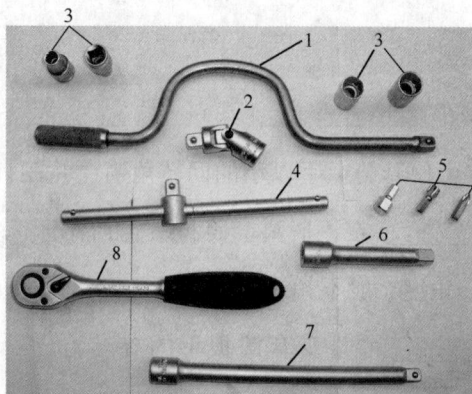

图 1-3　套筒扳手

1—＿＿＿＿＿＿＿　2—＿＿＿＿＿＿＿　3—＿＿＿＿＿＿＿　4—＿＿＿＿＿＿＿

5—＿＿＿＿＿＿＿　6—＿＿＿＿＿＿＿　7—＿＿＿＿＿＿＿　8—＿＿＿＿＿＿＿

7. 套筒扳手由＿＿＿＿＿＿＿＿＿＿＿＿＿＿＿＿＿＿＿＿＿＿＿＿＿＿＿＿＿＿＿
＿＿＿＿＿＿＿＿＿＿＿等多种附件组成。套筒扳手特别适用于＿＿＿＿＿＿＿＿＿＿＿
＿＿＿＿＿＿＿＿＿＿＿＿＿＿＿＿＿＿＿＿＿＿＿＿＿＿＿＿＿＿＿＿＿＿＿。

8. 套筒按其传动方孔的对边尺寸分为 6.3mm、10mm、12.5mm、20mm、25mm 5 个系列，
其代号分别为 6.3、10、12.5、20 和 25。传动方孔的对边尺寸越＿＿＿＿＿＿＿，则套筒可以
承受的力以及作用于螺母上的力也就越＿＿＿＿＿＿＿＿＿＿＿。

9. 按套筒工作部分的几何形状不同，套筒分为＿＿＿＿＿＿＿＿和＿＿＿＿＿＿＿＿。
六角部分与螺栓、螺母的表面有很大的接触面，这样就不容易损坏螺栓、螺母的表面。

10. 标出图1-4中1、2、3、4工具的名称。

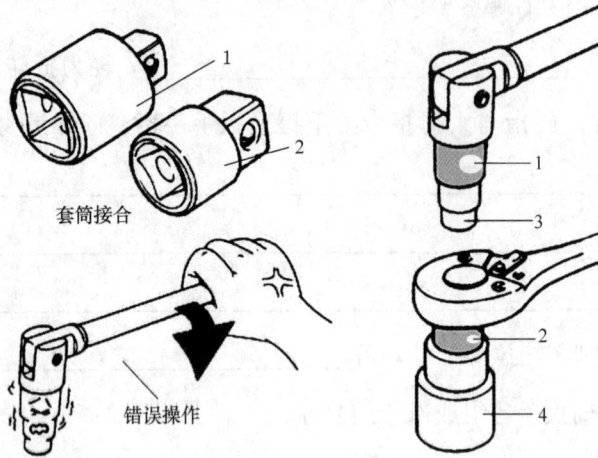

图1-4　套筒

1—＿＿＿＿＿＿＿＿　　2—＿＿＿＿＿＿＿＿　　3—＿＿＿＿＿＿＿＿　　4—＿＿＿＿＿＿＿＿

11. 使用棘轮手柄时，可使套筒扳手以小的回转角锁住并在有限空间中工作。棘轮手柄头部设计有＿＿＿＿＿＿＿＿＿＿＿，在不脱离套筒和螺栓的情况下，可实现快速单方向的转动，角度一般不超过＿＿＿＿＿＿＿＿＿＿。

通过＿＿＿＿＿＿＿＿＿＿＿＿可改变套筒扳手的旋转方向：将＿＿＿＿＿＿＿＿＿＿＿＿＿，可以单向顺时针拧紧螺栓或螺母；将＿＿＿＿＿＿＿＿＿＿＿＿，可以单向逆时针松开螺栓或螺母，如图1-5所示。

图1-5　棘轮扳手

12. 滑动手柄要求极大的工作空间，但它能提供＿＿＿＿＿＿＿＿＿＿＿＿＿＿＿＿。滑动手柄可以有两种使用方法（见图1-6）：L形用于＿＿＿＿＿＿＿＿＿＿＿＿＿＿＿＿＿；T形用于＿＿＿＿＿＿＿＿＿＿＿＿＿＿＿＿。

13. 旋转手柄用于拆下或更换要求大扭矩的螺栓、螺母。套筒扳手头部可做铰式移动，以＿＿＿＿＿＿＿＿＿＿＿＿＿＿＿＿＿＿＿＿＿＿＿＿＿＿＿＿＿，＿＿＿＿＿＿＿＿＿＿＿＿＿＿＿＿＿＿＿＿＿＿，如图1-7所示。旋转手柄可以滑动，＿＿＿＿＿＿＿＿＿＿＿＿＿＿＿＿＿＿＿＿＿＿＿＿＿＿。

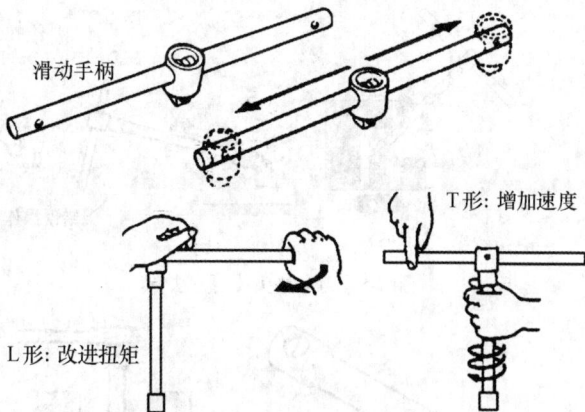

图 1-6 滑动手柄的应用

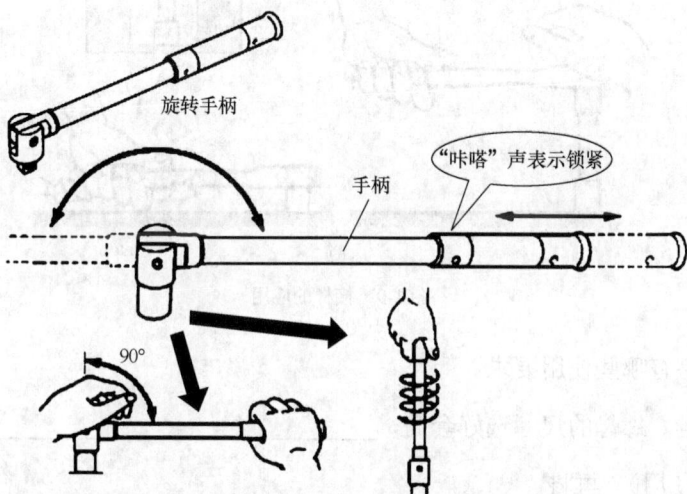

图 1-7 旋转手柄的应用

14. 使用旋转手柄前要_____。否则手柄在工作时滑进滑出，会改变工作人员的工作姿势造成人身伤害。

15. 万向接头的使用注意事项有哪些？

（1）不要使手柄_____。

（2）不要与风动工具组合使用。否则，球节会因不能吸收旋转摆动而脱开，造成_____，如图 1-8 所示。

16. 接杆的主要作用是加装在套筒和配套手柄之间，用于_____的螺栓、螺母，如图 1-9 所示。

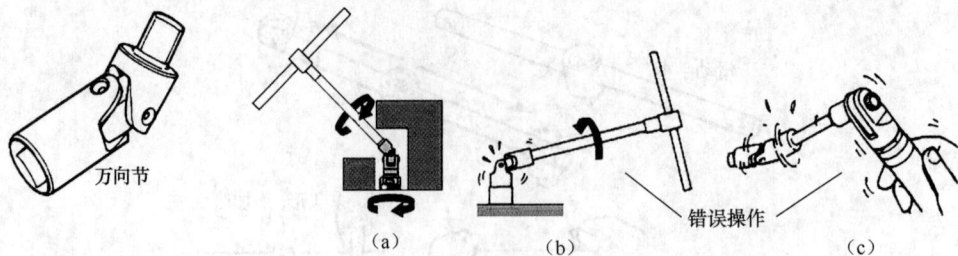

万向节

（a）　　　　　（b）　　　错误操作　　　（c）

图 1-8　万向接头使用方法

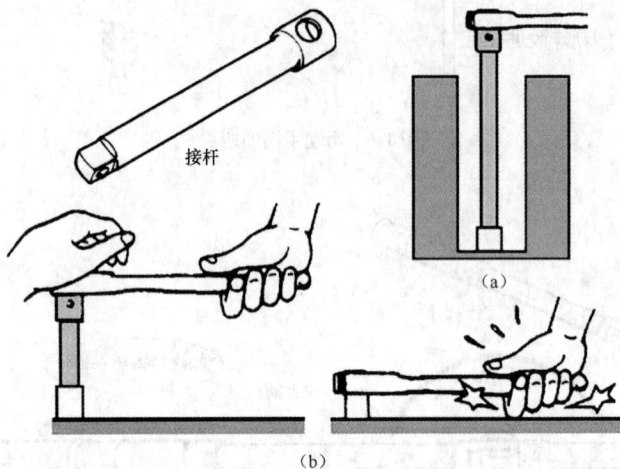

接杆

（a）

（b）

图 1-9　接杆的应用

17. 套筒扳手有哪些使用要求？

（1）根据螺栓、螺母的尺寸选好套筒，＿＿＿＿＿＿＿＿＿＿＿＿（视需要与长接杆或短接杆配合使用），再将＿＿＿＿＿＿＿＿＿＿＿＿＿＿＿＿＿＿＿。

（2）使用棘轮手柄时，＿＿＿＿＿＿＿＿＿＿＿＿＿＿＿＿＿＿＿＿＿＿＿＿。

（3）拆装时，握住手柄的手切勿摇晃，以免套筒滑出或损坏螺栓、螺母的六角。

（4）禁止用＿＿＿＿＿＿＿＿＿＿＿＿＿＿＿＿＿＿＿＿＿＿＿＿＿＿＿＿＿。

（5）禁止使用＿＿＿＿＿＿＿＿＿＿＿＿＿＿＿＿＿＿＿＿＿＿＿＿＿＿＿＿。

（6）已经拧得很紧的螺栓、螺母可以通过施加冲击力轻轻松开。但是＿＿＿＿＿＿＿＿＿

＿＿＿＿＿＿＿＿＿＿＿＿＿＿＿＿＿＿＿＿＿＿，如图 1-10 所示。

图 1-10　套筒扳手的错误用法

（7）工具用毕，应_____。

18. 火花塞套筒专用于拆卸及更换火花塞。有大小两种尺寸，_____

_____。火花塞套筒内装有_____

_____。

19. 用火花塞套筒拆卸火花塞时应注意哪些事项？

（1）套筒磁性可保护火花塞，但仍要_____。

（2）为确保火花塞正确地插入，_____。

20. 活动扳手的开口尺寸_____，其使用
场合与开口扳手相同。但活动扳手较笨重，_____。活动扳手的规
格以手柄长度（mm）和最大开口宽度（mm）来表示。

21. 活动扳手的使用要求有哪些？

（1）使用活动扳手时，应根据_____

_____

_____，如图 1-11（a）所示。

（2）使用时，_____，如图 1-11（b）所示。

（3）扳转时，_____如图 1-11（c）所示。

（4）扳转时，禁止在_____。

（5）禁止将活动扳手当锤子使用。

（6）使用活动扳手时，不要_____，以免_____。

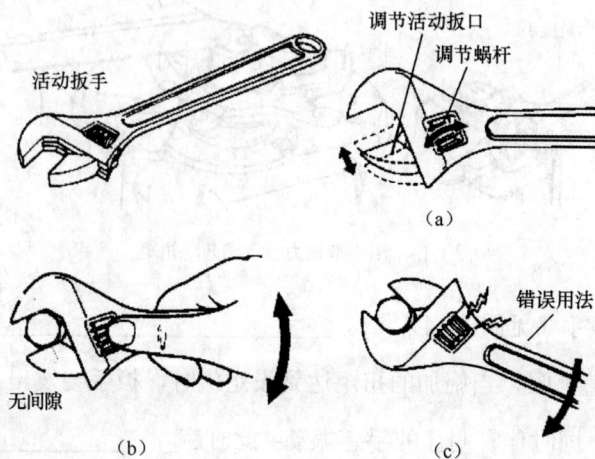

图 1-11　活动扳手的使用

22. 活动扳手用于拆装尺寸不规则的螺栓、螺母或压紧其他零件。活动扳手可通过旋转调节蜗杆改变口径，可用来代替_____。

23. 扭力扳手（也称扭矩扳手）是一种可以按工艺要求预设限定或指示、测量拧紧螺纹连接组件扭矩值的手动扳手，扭力扳手需要与套筒配合使用。扭力扳手可分为_____和_____。

24. 指示式扭力扳手（见图 1-12）是_____。普通扭力扳手的规格是以最大可测扭矩来划分的，常用的有 98N·m、196N·m、294N·m 3 种。扭力扳手除用来_____外，还可用来_____（见图 1-13），以检查配合、装配情况。

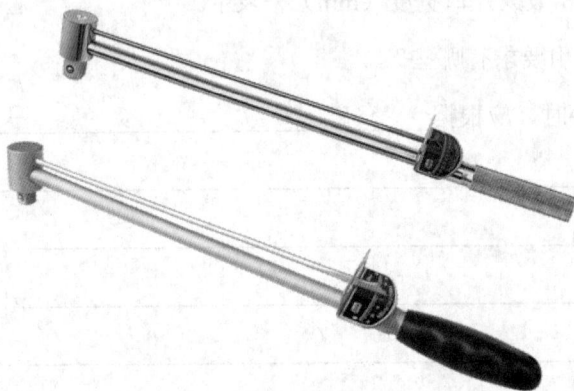

图 1-12　指示式扭力扳手

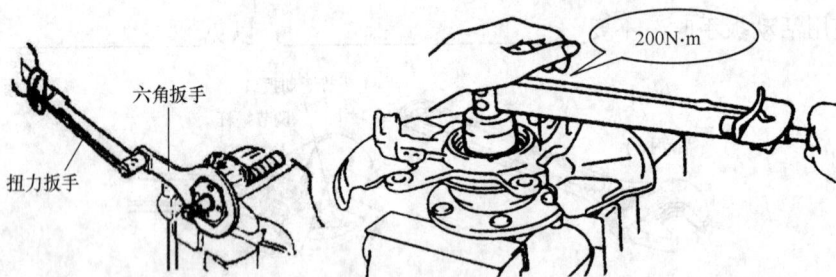

六角扳手

200N·m

扭力扳手

图 1-13　用小型扭力扳手测起动扭矩

25. 预置式扭力扳手（见图 1-14）具有_____。使用时，首先设定好一个需要的扭矩值上限，当施加的扭矩达到设定值时，扳手会发出"咔嗒"声或者扳手连接处折弯一定角度，同时伴有明显的手感振动；此时应_____。解除作用力后，扳手各相关零件能自动复位。

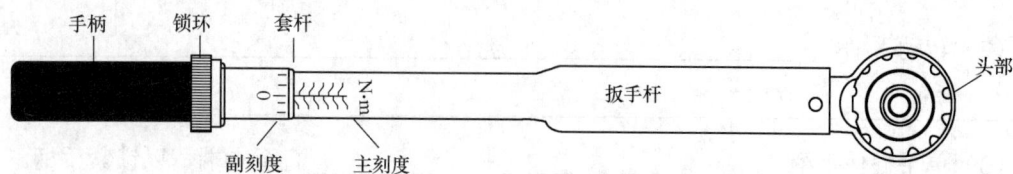

图 1-14　预置式扭力扳手

26. 扭力扳手的工作原理是什么？

扭力扳手发出"咔嗒"声的原理可以分为以下几个步骤去理解。

（1）扭力扳手发出"咔嗒"声是提示_____。

（2）扭力扳手所发出的"咔嗒"声是由本身内部的扭矩释放结构产生的，其结构由_____

_____。

（3）首先在扭力扳手上设定所需扭矩值（由弹簧套在顶杆上向扭矩释放关节施压），锁定
扭力扳手，开始拧紧螺栓。当螺栓达到_____（当使用扭
力大于弹簧的压力）后，会产生瞬间脱节的效应。在产生脱节效应的瞬间发出_____
_____，扳手金属外壳发出_____（就像我们手臂关节成15°弯曲
放在铁管里瞬间伸直后会碰到钢管的原理一样）。

27. 扭力扳手使用要求有哪些？

（1）_____

_____

_____。

（2）_____

_____

_____。

（3）拧紧螺栓、螺母时，不能用力过猛，以免损坏螺纹。

（4）_____

（5）拆装时，禁止_____。

（6）扭力扳手使用后应擦净油污，妥善放置。

28. 预置式扭力扳手的使用方法是什么？

（1）首先必须将_____，
如图 1-15 所示，为此需单手握住手柄，然后顺时针转动锁环至末端。

（2）转动手柄，_____
_____，如图 1-16 所示。

（3）单手握住手柄，_____直至末端，以锁紧手柄。

（4）扭矩设置完成后，_____；将套筒另一端套在_____
_____；按手柄上标明的箭头方向转动扭力扳手进行紧固，听到"咔嗒"声后，紧固结束，停止加力。

注意：切勿在锁环位置为"锁紧（LOCK）"时转动手柄。否则，容易损坏调节装置。

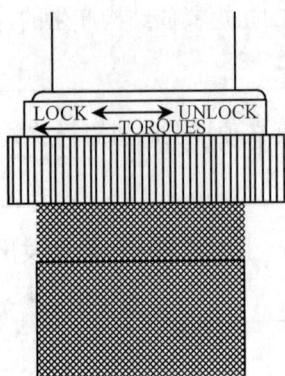

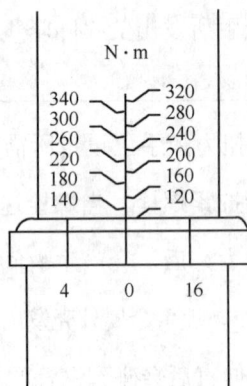

图 1-15　锁环　　　　　　　图 1-16　手柄上部刻度

29. 预置式扭力扳手使用注意事项有哪些？

（1）根据需要选择在使用范围内的扭力扳手，切勿超出扭力扳手的使用范围设置扭矩。

（2）设置扭矩之前，确认锁环处于_____状态。当锁环处于"LOCK"状态时，切勿_____，否则会损坏锁环。

（3）使用扳手前，要确认锁环处于_____。

（4）为了使扭力扳手在使用时处于良好状态，首次使用或长期未使用的扭力扳手需要再次使用时，_____，以使其中精密部件能得到内部特殊润滑剂的充分润滑。

（5）手要握在手柄的有效范围，沿垂直于扭力扳手壳体方向，慢慢地加力，力的方向应与扭力扳手轴线方向成直角（上下、左右公差在±15°范围内），如图 1-17 所示。

30. 内六角扳手（见图 1-18）用于拆装_____。它的规格以六角形对边尺寸 s 表示，有 13 种。汽车维修作业中常用的内六角扳手有_____mm、_____mm、_____mm、_____mm、_____mm 等 5 种规格。内六角扳手常用旧气门杆或断丝锥磨制。

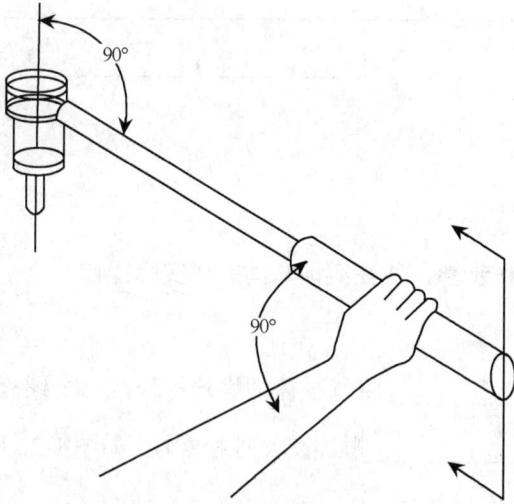

图 1-17　正确握手柄的姿势

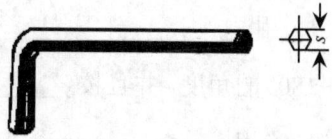

图 1-18　内六角扳手

31. T 形扳手的特点有哪些？

（1）套筒头采用＿＿＿＿＿＿＿＿＿＿＿＿＿＿＿＿＿＿＿＿＿制造。

（2）独特的设计可使接杆长达 30cm，适合在＿＿＿＿＿＿＿＿＿＿＿＿＿操作。

（3）手柄长度达 20cm，扭力更大。

32. 管子钳用于＿＿＿＿＿＿＿＿＿＿＿＿＿＿，如图 1-19 所示。按其作用分类属于扳手类，故也称为＿＿＿＿＿＿＿＿＿＿＿＿。

33. 管子钳的规格用＿＿＿＿＿＿＿＿＿＿＿＿＿＿来表示，常用＿＿＿＿＿＿＿＿＿、＿＿＿＿＿＿＿＿＿和＿＿＿＿＿＿＿＿＿＿这 3 种规格。

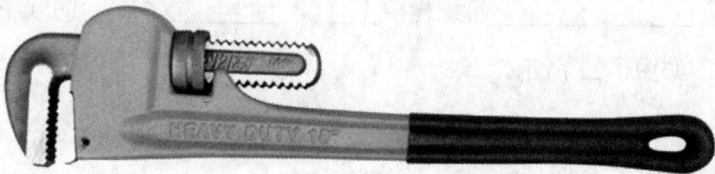

图 1-19　管子钳

34. 管子钳的使用要求有哪些？

（1）使用时，应根据圆柱件的尺寸预先调好管子钳的钳口，使之夹住管件，并使固定部分承受拉力，以免扳转时滑脱。

（2）管子钳使用时不得用_____。

（3）禁止用管子钳拆装_____。

（4）禁止用管子钳拆装_____，以免改变工件表面的粗糙度。

实践操作训练

参照教程补全气缸盖和传动轴拆装的操作步骤，并在实训车间完成实际操作。

1. 气缸盖螺栓的拆装

（1）用_____将气缸盖的螺栓拧松，每个螺栓拧转90°～180°的角度，并且按_____顺序交叉拧松螺栓，如图1-20所示。

（2）换用_____，同样按_____顺序交叉拧松螺栓。最后将螺栓用磁力棒吸出，如图1-21所示，并按顺序放好。

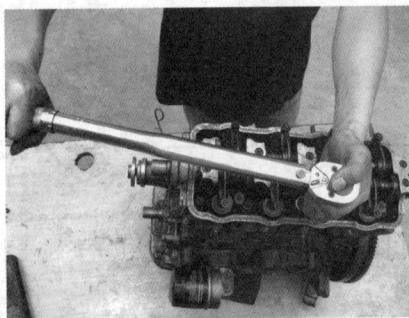

图1-20　拧松气缸盖螺栓

图1-21　用磁力棒将螺栓吸出

（3）将气缸盖装在气缸体上，将拆出来的螺栓按原来的位置放回螺栓孔。

（4）用_____将螺栓按_____的顺序交叉拧紧，力矩为10～15N·m，如图1-22所示。

图1-22　用T形扳手拧紧螺栓

（5）将_____分别设置为30N·m和58N·m，按_____的顺序交叉拧紧。

2. 传动轴的拆装

（1）用_____将传动轴的螺栓分3次_____，按_____的顺序拆下，如图1-23所示。注意开口扳手不能施加过大的力，只能用来定位。

（2）安装时按拆卸的相反顺序紧固螺栓。

图1-23 用扳手卸下螺栓

3. 利用组合扳手拆装汽车轮胎

（1）垫好车轮挡块（三角木）。选择合适的_____、_____和_____（见图1-24）将汽车后轮胎的螺母按_____的顺序拧松，如图1-25所示。

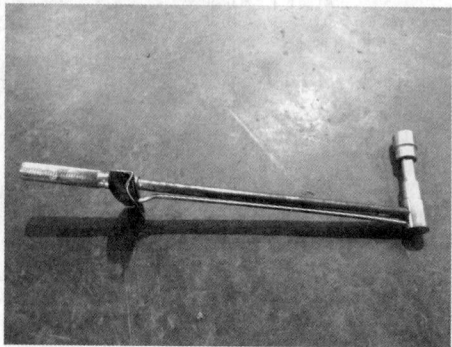

图1-24 指针型扭力扳手

图1-25 拧松轮胎上的螺母

（2）用_____将汽车后轮顶起来（见图1-26），并安装_____（见图1-27）。

图 1-26　千斤顶顶起汽车后轮

图 1-27　安装架车凳

（3）用_____将轮胎螺母拧出来。注意：先_____，然后拆_____，最后拆卸上面的螺母，以防车轮掉下来。

（4）将车轮整体拆下来，并放到后桥的下面，如图 1-28 所示。车轮放入一半，不要全部放入，以保证操作人员及车辆的安全。

图 1-28　卸下的轮胎放置位置

（5）按与拆卸相反的顺序将车轮安装好，并预紧螺母。

（6）将车辆放下，_____，如图 1-29 所示。

图 1-29　垫车轮挡块

（7）按规定的力矩，用_____将轮胎螺母分 2～3 次交叉拧紧。

考核

学生学习评价表

评价内容及评分标准		自我评价(打分)	小组相互评价(打分)	教师评价(打分)
信息收集 (15分)	理解任务或问题的程度（5分）			
	收集信息的完整性（5分）			
	对信息（知识）的领悟性（5分）			
制订计划 (20分)	计划制订参与程度（10分）			
	计划的合理性及实用性（10分）			
修改计划 (15分)	和老师怎么讨论计划（5分）			
	和老师讨论后，是否知道如何改进计划（5分）			
	计划修改后的完整性（5分）			
实施 (20分)	是否按计划进行工作（5分）			
	是否亲自实施计划（5分）			
	是否记录工作过程及结果（10分）			
检查 (15分)	是否按计划的要求去完成任务（5分）			
	是否达到预期目标（5分）			
	整个工作流程是否与标准流程符合（5分）			
评价 (15分)	是否按计划完成了任务或解决了问题（5分）			
	在哪个环节上可以改进（2分）			
	学习团队的合作情况（3分）			
	现场 5S 及劳动纪律（5分）			
总分（100分）				
总评				

一体化项目（任务）考核评分表

任课教师签字：

序号	考核内容	配分	评分标准	考核记录	扣分	得分
一	1. 发动机气缸盖紧固螺栓的拆装	5	能正确地使用开口扳手			
		5	能正确地使用梅花扳手			
	2. CA7130 型汽车传动轴的拆装	5	能正确地使用 T 形扳手			
		20	能正确地使用扭力扳手			
	3. 汽车轮胎的拆装	20	能正确地使用预置式扭力扳手			
		20	能对汽车后车轮的紧固螺母进行拆装			
二	职业素养	10	课堂的纪律性			
		5	文明操作			
		5	工量具及设备的整齐、清洁度			
三	基础知识填空	5	回答正确，书写工整，按时全部完成			
	合计	100				

任务二 机动扳手

基础知识填空

1. 风动扳手也称气动扳手、风炮，是一种_____

_____。

2. 风动扳手（见图 1-30）主要由_____、_____、_____、

_____和_____等组成。

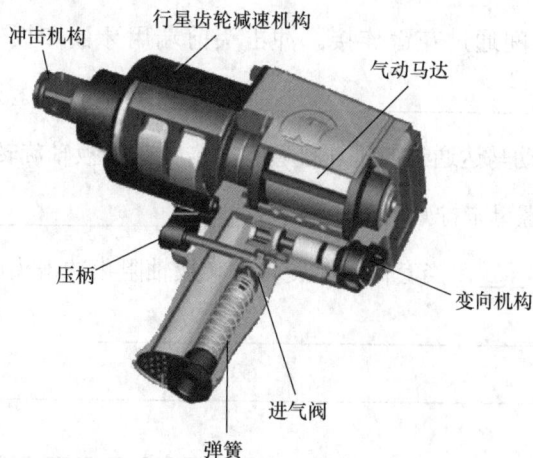

图 1-30　风动扳手

3. 风动扳手的起动机构采用＿＿＿＿＿＿＿＿＿＿＿＿＿＿＿＿＿＿＿＿＿＿＿＿＿＿＿＿＿＿。
当按压压柄时，压柄推动阀杆，打开进气阀进气。

4. 风动扳手的变向机构由＿＿＿＿＿＿＿＿、＿＿＿＿＿＿＿＿、＿＿＿＿＿＿＿＿＿＿＿＿组
成。向左或向右转动变向手柄即可改变风动扳手的旋转方向。

5. 风动扳手的气动马达采用＿＿＿＿＿＿＿＿＿＿＿＿＿结构，其工作原理如图 1-31 所示。压
缩空气从进气孔道进入气缸内，推动滑片，带动转子高速旋转，然后从＿＿＿＿＿＿＿＿＿＿＿＿。
改变变向机构中气流的进出方向，转子即可反向旋转。

6. 风动扳手采用一级行星齿轮减速机构，其工作原理如图 1-32 所示。气动马达转子轴
一端的小齿轮作为主动齿轮与减速机构中＿＿＿＿＿＿＿＿＿＿＿＿＿。两个行星齿轮沿着固定的
内齿轮带动行星齿轮架和凸轮轴转动，但其转速大大低于气动马达转子的转速。

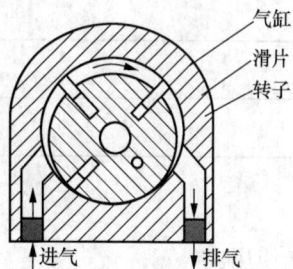

图 1-31　滑片式气动马达的工作原理

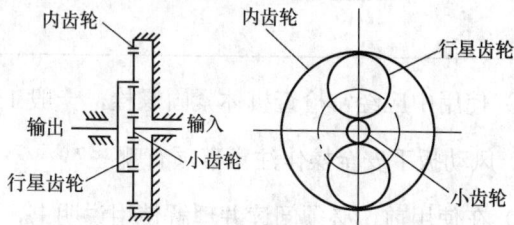

图 1-32　行星齿轮减速机构工作原理

7. 风动扳手的冲击机构主要由＿＿＿＿＿＿＿＿＿、＿＿＿＿＿＿＿＿＿＿、＿＿＿＿＿＿＿＿＿、
＿＿＿＿＿＿＿＿ 和 ＿＿＿＿＿＿＿＿＿＿组成。凸轮轴为一圆柱体，外圆面上铣有 V 形凹槽。冲
击头套在凸轮轴上，其圆面上铣有与凸轮轴上凹槽相对应的圆弧面形的凹槽，两凹槽间装有

钢珠。扳轴与凸轮轴之间通过花键连接。冲击头前端用牙嵌和扳轴上的牙嵌相连接。由于_____。

8. 按下压柄后，气动马达通过花键连接套和冲击头带动扳轴旋转。当扳轴上的套筒受到的阻力不大时（螺栓或螺母未拧紧），_____。当套筒不能旋转时（扳轴阻止冲击头旋转），由于气动马达仍带动凸轮轴旋转，_____。

在分离的瞬间，_____。

9. 风动扳手的使用和保养方法是什么？

风动扳手是由许多精密零件组成的，其使用寿命在很大程度上取决于操作者是否正确使用和保养。

（1）风动扳手使用的压缩空气_____。

（2）在使用前，_____。

（3）由于扳轴输出的扭矩是定值，所以扳手应和所拆装的螺纹件相适应。为了更换扳手方便，可采用快速接头。

（4）风动扳手_____。

（5）使用中应经常检查机体紧固螺栓，一般 1～3 个月_____。

10. 风动扳手安全操作注意事项有哪些？

（1）在使用前，必须阅读并理解使用说明书，未经培训不能使用。

（2）应定期保养，_____。

（3）套筒、套筒连接件、风管、风管快插接头等配件，须使用专用配件，或使用制造商推荐配件。如有异常_____。

（4）使用的气源必须清洁干燥，一般需配置_____，使风压稳定、可调、有润滑性。气源压力不能＿＿＿＿＿＿＿＿＿＿＿＿＿＿＿＿＿。风管与气源应连接可靠，无泄漏，长度＿＿＿＿＿＿＿＿＿＿＿＿＿＿＿。

（5）操作时，＿＿＿＿＿＿＿＿＿＿＿＿＿＿＿＿＿＿＿＿＿。

（6）选择合适的方向及输出扭矩。

（7）保持＿＿＿＿＿＿＿＿＿＿＿＿＿＿＿＿＿＿＿＿＿。

（8）旋紧螺母时，须先＿＿＿＿＿＿＿＿＿＿＿＿＿＿＿＿。

（9）拆卸螺母时，在螺母即将脱开螺栓时，＿＿＿。

（10）使用开口扳手、梅花扳手给螺栓定位时，防止风动扳手的旋转力矩过大，带动定位扳手旋转打伤手，以及扳手从高处掉落。

（11）有压力的风管脱开时，＿＿。

11. 电动扳手就是以电源或电池为动力的扳手，是一种拧紧螺栓的工具，电动扳手按电动机电源不同分为＿＿＿＿＿＿＿＿＿和＿＿＿＿＿＿＿＿＿＿＿；按电动机转子轴与施拧螺纹紧固件中心线之间的夹角不同分为＿＿＿＿＿＿＿＿＿和＿＿＿＿＿＿＿＿＿；按手持方式不同分为＿＿＿＿＿＿＿、＿＿＿＿＿＿＿、＿＿＿＿＿＿＿；按扳手功能不同分为＿＿＿＿＿＿＿、＿＿＿＿＿＿＿、＿＿＿＿＿＿＿。

12. 电动扳手一般采用电压为＿＿＿＿＿＿＿＿＿的单相串激式电动机驱动，这种电动机扭矩较大，适合于断续工作。由于＿＿＿＿＿＿＿＿＿＿＿＿＿，提高了用电安全性，不需要接地线。常用电动扳手型号和主要技术参数见表 1-1。

表 1-1　　　　　　　　　　电动扳手型号和主要技术参数

型号	P2B-8	P1B-12	P1B-16	P1B-20
使用范围/mm	M6～M8	M10～M12	M14～M16	M18～M20
额定扭矩/（N·m）	14.7	58.8	147	215.6
质量/kg	1.7	2.5	4.5	5.5～6

13. 电动扳手的特点：＿＿＿＿＿＿＿＿＿＿＿＿＿＿；手柄和机壳材料散热性好；功率大，＿＿＿＿＿＿＿＿＿＿＿＿＿＿；＿＿＿＿＿＿＿＿＿＿＿＿＿＿＿＿＿＿；

＿＿＿＿＿＿＿＿＿＿＿＿。

14. 电动扳手有哪些使用注意事项？

（1）确认现场所接电源与电动扳手铭牌上的规定值是否相符，是否接有＿＿＿＿＿＿＿＿。

（2）根据螺母大小选择＿＿＿＿＿＿＿＿＿＿＿＿＿＿＿＿＿＿，并妥善安装。

（3）在送电前确认电动扳手开关处于断开状态，否则插头插入电源插座时电动扳手将突然转动，可能导致人员受伤。

（4）若作业场所远离电源，需增加线缆时，应使用＿＿＿＿＿＿＿＿＿＿＿＿＿＿＿＿＿＿＿＿＿＿＿。线缆如通过人行过道应高架或做好防止线缆被碾压损坏的措施。

（5）尽可能在使用前找好反向力矩支靠点，以防＿＿＿＿＿＿＿＿＿＿＿＿＿＿。

（6）若使用时若发现电动机炭火花异常，＿＿＿＿＿＿＿＿＿＿＿＿＿＿＿＿＿＿＿

＿＿。

（7）和风动扳手一样，电动扳手是定扭矩的，因此用于旋紧时必须注意扳手的使用范围和额定扭矩，以防拧断螺栓。

（8）用电动扳手装配一个螺纹件，冲击时间一般为＿＿＿＿＿＿＿＿＿＿＿＿，不要超过＿＿＿＿＿＿＿。

（9）电源电压过低或过高均不宜使用电动扳手。变换转向时，要先切断电源，再扳动正反转开关，以保护正反转开关。

（10）注意清洗冲击机构和整流子，以便及早发现隐患。还要及时更换润滑脂。

实践操作训练

参照教程补全用风动扳手拆装轮胎的操作步骤，并在实训车间完成实际操作。

1. 选择合适的套筒并将其安装到风动扳手上，同时连接好气管，调试好扭矩，注意正反转方向，如图 1-33 所示。

冲击式风动扳手

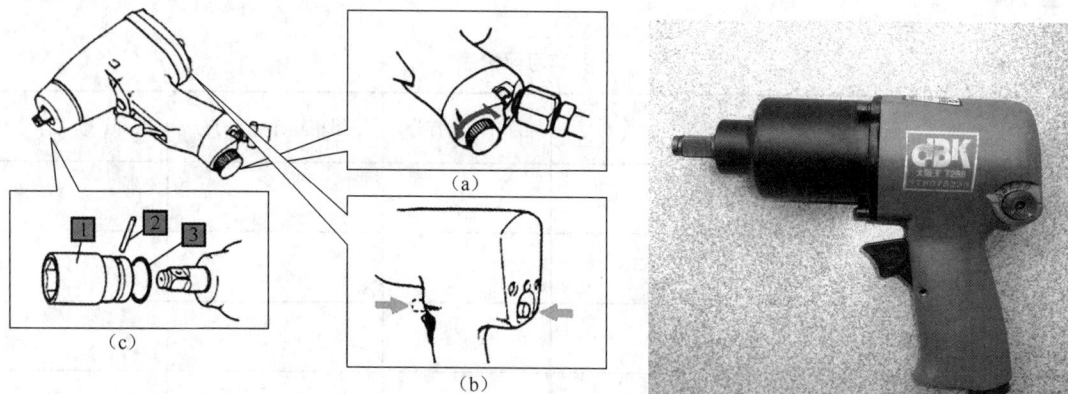

图1-33　安装套筒到风动扳手上

1—套筒　2—销　3—垫片

2. 用举升机将汽车举起，当车身离开地面_____时，检查被顶起的汽车是否稳固，确认汽车被安全顶起后继续举升汽车，高度以_____为宜。

3. 按对角交叉的顺序将轮胎的螺母拆下，如图1-34所示。注意：先拆卸_____

_____，_____最后拆，以防止车轮掉下来。

图1-34　拆卸螺母

4. 安装轮胎螺母时，先_____，然后再用_____，拧紧顺序为对角交叉，并分2～3次拧紧。

考核

学生学习评价表

	评价内容及评分标准	自我评价（打分）	小组相互评价（打分）	教师评价（打分）
信息收集 （15分）	理解任务或问题的程度（5分）			
	收集信息的完整性（5分）			
	对信息（知识）的领悟性（5分）			
制订计划 （20分）	计划制订参与程度（10分）			
	计划的合理性及实用性（10分）			
修改计划 （15分）	和老师怎么讨论计划（5分）			
	和老师讨论后，是否知道如何改进计划（5分）			
	计划修改后的完整性（5分）			
实施 （20分）	是否按计划进行工作（5分）			
	是否亲自实施计划（5分）			
	是否记录工作过程及结果（10分）			
检查 （15分）	是否按计划的要求去完成任务（5分）			
	是否达到预期目标（5分）			
	整个工作流程是否与标准流程符合（5分）			
评价 （15分）	是否按计划完成了任务或解决了问题（5分）			
	在哪个环节上可以改进（2分）			
	学习团队的合作情况（3分）			
	现场 5S 及劳动纪律（5分）			
	总分（100分）			
总评				

一体化项目（任务）考核评分表

任课教师签字：

序号	考核内容	配分	评分标准	考核记录	扣分	得分
一	丰田威驰汽车轮胎拆装	10	正确安装风动扳手			
		20	调试风动扳手拧紧力矩			
		20	能正确地使用风动扳手的正反转			
		10	能正确地使用套筒			
		15	能按正确拆装轮胎			
二	职业素养	10	课堂的纪律性			
		5	文明操作			
		5	工具及设备的整齐、清洁度			
三	基础知识填空	5	回答正确，书写工整，按时全部完成			
	合计	100				

任务三 手钳和螺钉旋具

基础知识填空

1. 手钳是采用杠杆原理＿＿＿＿＿＿＿＿＿＿＿＿＿＿＿＿＿＿＿＿＿＿。汽车维修保养中采用的手钳种类较多，按其用途可分为两大类：通用手钳和专用手钳。

2. 通用手钳分为＿＿＿＿＿＿＿＿＿＿、＿＿＿＿＿＿＿＿＿＿、＿＿＿＿＿＿＿＿＿＿、＿＿＿＿＿＿＿＿＿＿、挡圈钳、＿＿＿＿＿＿＿＿＿＿和多用钳。它们的规格一般以钳身长度来表示。

3. 鲤鱼钳钳头的前部是＿＿＿＿＿＿＿＿＿＿，适于夹捏一般小零件；中部凹口粗长，适于夹持圆柱形零件，也可以代替＿＿＿＿＿＿＿＿＿＿＿＿＿＿＿＿＿＿＿；钳头后部刃口可剪切金属丝。鲤鱼钳的两片钳体上分别有两个相互贯通的孔，拨动孔中的支销可以调整钳口的张开度，以适应不同大小的零件。鲤鱼钳是汽车维修作业中使用较多的一种手钳。

4. 鲤鱼钳有＿＿＿＿＿＿＿＿＿＿＿＿＿＿两种规格。鲤鱼钳用优质碳素结构钢（50 钢）制造，刃口部分的硬度为 48～54HRC。

5. 鲤鱼钳有哪些应用？

（1）＿＿＿＿＿＿＿＿＿＿＿＿＿＿＿＿＿＿＿＿＿＿＿＿＿＿＿＿＿＿＿＿＿。

（2）＿＿＿＿＿＿＿＿＿＿＿＿＿＿＿＿＿＿＿＿＿＿＿＿＿＿＿＿＿＿＿＿＿。

（3）＿＿＿＿＿＿＿＿＿＿＿＿＿＿＿＿＿＿＿＿＿＿＿＿＿＿＿＿＿＿＿＿＿。

6. 在用鲤鱼钳夹紧零件前，须用＿＿＿＿＿＿＿＿＿＿＿＿＿＿＿＿＿＿＿＿＿易损坏件。

7. 钢丝钳的用途和鲤鱼钳相似，但其支销相对于两片钳体的位置是固定的，故钢丝钳使用时不及鲤鱼钳灵活，但剪断金属丝的效果较鲤鱼钳要好。钢丝钳的规格以钳子全长表示，常用的有＿＿＿＿＿＿＿＿＿＿＿＿＿＿＿＿＿＿＿3 种。钢丝钳有绝缘柄和铁柄之分。

8. 钢丝钳上带有旁刃口，能夹持工件，还能折断＿＿＿＿＿＿＿＿＿＿＿＿＿＿＿＿＿

＿＿＿＿＿＿＿＿＿＿＿＿＿＿＿＿＿＿＿＿＿＿＿＿＿＿＿＿＿＿＿＿＿＿＿＿＿＿。

9. 尖嘴钳和弯嘴钳因＿＿＿＿＿＿＿＿＿＿＿＿＿，所以能在较小的空间工作。不带刃口的尖嘴钳和弯嘴钳＿＿＿＿＿＿＿＿＿＿＿＿＿＿＿＿＿＿＿＿＿，带刃口的尖嘴钳和弯嘴钳能＿＿＿＿＿＿＿＿＿＿＿。使用尖嘴钳和弯嘴钳时，＿＿＿＿＿＿＿＿＿＿＿＿＿＿＿，否则＿＿＿＿＿＿＿＿＿＿＿，＿＿＿＿＿＿＿＿＿＿＿＿＿，尖嘴钳和弯嘴钳规格以钳子全长表示，有绝缘柄和铁柄之分。汽车维修中，常使用＿＿＿＿＿＿＿＿规格的尖嘴钳和弯嘴钳。

10. 挡圈钳专门用来＿＿＿＿＿＿＿＿＿＿＿＿＿＿＿＿＿＿＿＿。根据挡圈的用途及安装位置不同，挡圈钳有＿＿＿＿＿＿＿＿＿＿＿＿、＿＿＿＿＿＿＿＿＿＿＿＿、＿＿＿＿＿＿＿＿＿＿＿、＿＿＿＿＿＿＿＿＿＿＿＿用 4 种样式。

11. 挡圈钳的规格以钳子全长表示，分为＿＿＿＿＿＿＿＿＿＿＿、＿＿＿＿＿＿＿＿＿＿＿、＿＿＿＿＿＿＿＿＿ 3 种。汽车维修中常用＿＿＿＿＿＿＿＿规格的挡圈钳。对于俗称卡簧的无孔挡圈，要用＿＿＿＿＿＿＿＿＿＿＿＿＿＿来拆装。

12. 断线钳是_____。尤其在维修木质车厢的汽车时，断线钳常用来_____。断线钳的规格以钳子全长表示，常用的有 750mm 和 900mm 两种规格。

13. 斜口钳（见图 1-35）又称为斜嘴钳，有很多类别。例如，百锐工具产品目录中将斜口钳分为_____、_____、_____、VDE 耐高压大头斜口钳、镍铁合金欧式斜口钳、精抛美式斜口钳、_____等。斜口钳的规格以钳子全长表示，常用的有 150mm、175mm、200mm 和 250mm。

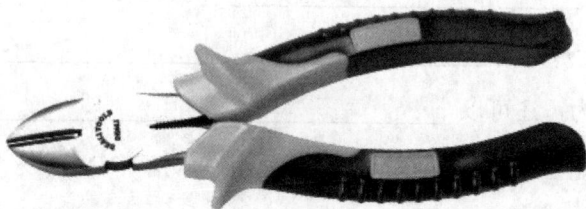

图 1-35 斜口钳

14. 斜口钳钳口硬度可达到 48～60 HRC，_____。

15. 斜口钳由 45 碳钢、_____、_____等制成。手柄有单色沾塑手柄、双色沾塑手柄、PVC 或 TPR 套柄。

16. 斜口钳主要用于_____（由于刀片尖部为圆形，它可用于切割细线，剖切导线塑料绝缘层）、_____、制作模型等。

17. 使用斜口钳时有哪些注意事项？

（1）_____。

（2）剪切紧绷的钢丝时，必须做好防护措施，防止_____。

（3）不能将_____。

（4）不能用斜口钳切割_____，这样做会损坏剪切刃。

18. 多用钳利用一组复合杠杆能产生_____，所以多用钳又称为大力钳或锁钳，它的钳口开度大，如 250mm 长的多用钳，钳口开度可达 50mm。

19. 多用钳分为两大类：_____和_____。_____分直嘴和曲嘴两种，曲嘴的钳口后部常有剪切刃，适于剪切细金属丝。

20. 多用钳的使用要求是什么？

（1）使用时，_____。根据维修工作需要，选用多用钳的类型。

（2）禁止_____。

（3）禁止_____。

（4）禁止_____。

21. 螺钉旋具通常称为起子、_____、旋凿，是用来拆装螺钉的。螺钉旋具分为_____和_____两大类。

22. 汽车维修中一般用_____。木柄夹柄式螺钉旋具能承受较大的扭力，还可以_____，可锤击或用扳手增加扭矩，但不能在 36V 以上电压场合下使用。木柄（YM 型）和塑料柄（YS 型）是指手柄的制造材料，塑料柄绝缘性能高于木柄。木柄穿心（YM-III型）螺钉旋具的旋杆贯通手柄，能承受较大的扭力，并且工作时_____，但不能_____。

23. 十字形螺钉旋具的结构与一字形螺钉旋具的相同，只是_____。

24. 组合螺钉旋具又称作多用螺钉旋具。这种螺钉旋具_____，以适应拆装各种螺钉及在木头上钻各种大小的孔。组合螺钉旋具的柄部装有氖管，兼作电笔用。

25. 自动螺钉旋具有_____、_____、_____ 3 种动作。当开关_____，_____，能提高生产效率，减轻劳动强度。当开关位于_____，_____。

26. 冲击螺钉旋具（见图 1-36）是一种通过_____。

冲击螺钉旋具采用特殊的淬火钢制成，可承受较大的冲击载荷，配有常用的十字、一字和内六方冲击头，主要用来松动锈死或者被冷焊住的螺栓，也可以用于_____。

图 1-36　冲击螺钉旋具

27. 冲击螺钉旋具的使用方法是什么？

_____

_____

_____

_____

_____

_____

_____

_____

_____ 。

28. 螺钉旋具的使用要求有哪些？

（1）_____ 。

（2）_____ 。

（3）_____ 。

（4）_____ 。

（5）_____ 。

考核

学生学习评价表

评价内容及评分标准		自我评价（打分）	小组相互评价（打分）	教师评价（打分）
信息收集 （15分）	理解任务或问题的程度（5分）			
	收集信息的完整性（5分）			
	对信息（知识）的领悟性（5分）			
制订计划 （20分）	计划制订参与程度（10分）			
	计划的合理性及实用性（10分）			
修改计划 （15分）	和老师怎么讨论计划（5分）			
	和老师讨论后，是否知道如何改进计划（5分）			
	计划修改后的完整性（5分）			
实施 （20分）	是否按计划进行工作（5分）			
	是否亲自实施计划（5分）			
	是否记录工作过程及结果（10分）			
检查 （15分）	是否按计划的要求去完成任务（5分）			
	是否达到预期目标（5分）			
	整个工作流程是否与标准流程符合（5分）			
评价 （15分）	是否按计划完成了任务或解决了问题（5分）			
	在哪个环节上可以改进（2分）			
	学习团队的合作情况（3分）			
	现场 5S 及劳动纪律（5分）			
总分（100分）				
总评				

任务四　拉拔器、冲子与举升工具

基础知识填空

1. 拉拔器又称为_____或_____。在汽车修理中，它主要用来拆装静配合副，例如，轴承、正时齿轮、各种皮带轮等。

2. 环爪式轴承拉拔器利用_____。使用拉拔器时，先将_____，另一端对合在支座的台肩上，再将_____，转动_____，即可拉出轴承。

3. 利用拉杆式滚动轴承拉拔器拉出轴承时，先将拉杆插入滚珠轴承内、外圈之间，再插入_____，使_____，转动_____，即可拉出轴承。

4. 冲子主要用来传递_____或_____，以压入或压出机件，如冲中心孔、圆孔，铆合铆钉等。在汽车维修中，冲子主要用于_____。

5. 中心冲又叫_____、_____，用于在金属件上打浅眼，以便于后续的钻孔工作。中心冲也用于_____。

6. 平头冲一般用于_____。拆装衬套类机件（铜套、油封、活塞销等）的平头冲由 3 部分组成：_____、_____、_____。当_____直径较大时，为减轻质量，可将其加工成中空结构。平头冲通常用低碳钢制作，不用热处理。加工平头冲时应注意_____与_____的同轴度。

7. 千斤顶是用来_____。千斤顶分为机械千斤顶（齿条千斤顶和螺旋千斤顶）和液压千斤顶等几种，汽车维修作业中，常用的是_____。

8. 液压千斤顶是利用_____，即液体各处的压强是一致的。在平衡的系统中，小的活塞上面施加的压力比较小，而大的活塞上施加的压力_____，这样能够保持液体的静止。通过密封容积的变化传递运动，通过油液的内部压力传递动力，实现能量转换。

9. 液压千斤顶是利用_____，通过大小不同的活塞，获得很大的液压力。

10. 写出图 1-37 所示各零件的名称。

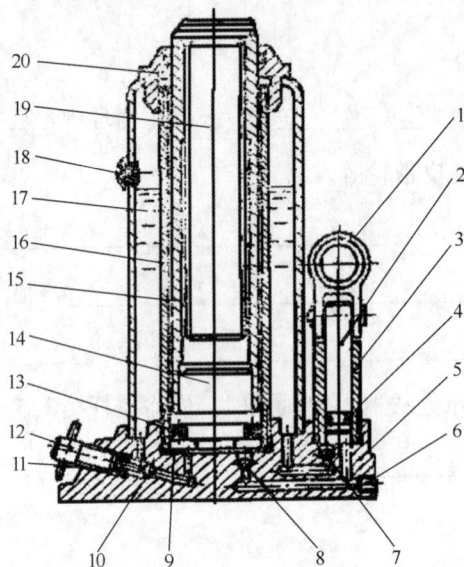

图 1-37　液压千斤顶的结构

1—_____　　2—_____　　3—_____　　4—_____

5—_____　　6—_____　　7—_____　　8—_____

9—_____　　10—_____　　11—_____　　12—_____

13—_____　　14—_____　　15—_____　　16—_____

17—_____　　18—_____　　19—_____　　20—_____

11. 如图 1-38 所示，举升重物时，_____

_____

_____

_____

_____。

再次提起手柄吸油时，单向阀在弹簧与外力的作用下关闭，_____

_____

_____

_____

_____

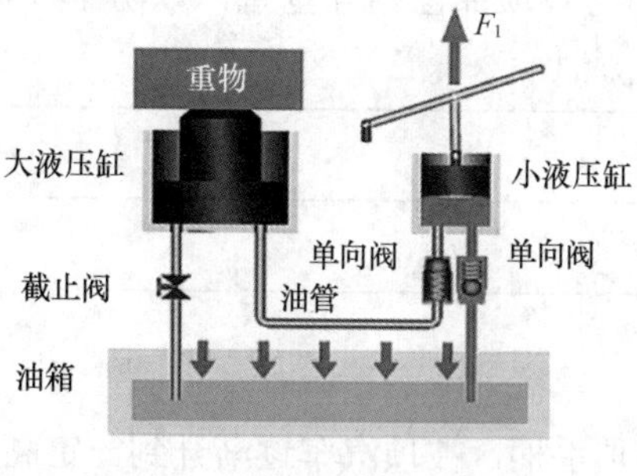

_____。

图 1-38 液压千斤顶工作原理图

12. 写出图 1-39 所示各零件的名称。

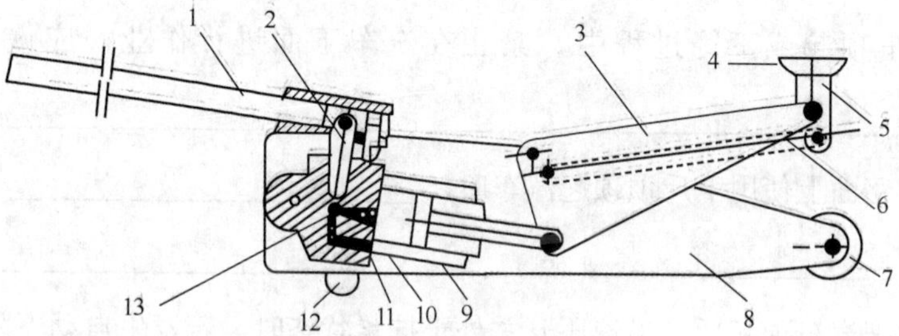

图 1-39 卧式液压千斤顶

1—_____ 2—_____ 3—_____

4—_____ 5—_____ 6—_____

7—_____ 8—_____ 9—_____

10—_____ 11—_____ 12—_____ 13—_____

13. 卧式液压千斤顶的工作油缸是卧倒（近于水平）放置的，和立式（轻便式）液压千斤顶相比，卧式液压千斤顶的_____。卧式液压千斤顶机架上装有轮子，移动方便，使用时_____。

14. 一般把起重量 2t 和 2t 以下的卧式液压千斤顶称作小型卧式液压千斤顶。小型卧式液压千斤顶的液压部分工作原理与立式液压千斤顶的基本相同。所不同的是_____

_____。后轮是转向轮，千斤顶的主要负荷在前轮上。为了保证使用安全，这种千斤顶还带有_____

_____，以防超载和超行程。

15. 千斤顶使用注意事项有哪些？

（1）顶起汽车前，应把千斤顶托盘面擦拭干净，选择拉钮至上升位置，把千斤顶放置在被顶部位的下部，并使千斤顶与被顶部位相互垂直，以防千斤顶滑出而造成事故。

（2）旋转托盘螺杆，＿＿＿＿＿＿＿＿＿＿＿＿＿＿＿＿＿＿＿＿＿＿＿＿＿＿＿＿＿

＿＿。

（3）用＿＿＿＿＿＿＿＿＿＿＿＿＿＿＿＿＿＿＿＿＿，防止汽车在顶起过程中发生滑溜事故。

（4）用手上、下压动千斤顶手柄，被顶汽车逐渐升到一定高度，在车架下放入架车凳，禁止用＿＿＿＿＿＿＿＿＿＿＿＿＿＿＿＿＿＿＿＿＿。落车时，应先检查车下是否有障碍物，＿＿＿＿＿＿＿＿＿＿＿＿＿＿＿＿＿＿＿＿＿＿。

（5）在汽车顶起或下降过程中，禁止在汽车下面进行作业。应慢慢拧松液压开关，＿＿＿＿＿＿＿＿＿＿＿＿＿＿＿＿＿＿＿＿＿＿＿＿＿＿＿＿＿＿＿＿＿＿＿。

（6）在松软路面上使用千斤顶顶起汽车时，＿＿＿＿＿＿＿＿＿＿＿＿＿＿＿＿＿＿＿＿＿

＿＿。

（7）千斤顶把汽车顶起后，当液压开关处于拧紧状态时，若发生自动下降故障，则应立即查找原因，及时排除故障后方可继续使用。

（8）如发现千斤顶缺油时，＿＿＿＿＿＿＿＿＿＿＿＿＿＿＿＿＿＿＿＿＿＿＿＿＿＿＿。

（9）千斤顶不能用火烘烤，＿＿＿＿＿＿＿＿＿＿＿＿＿＿＿＿＿＿＿＿＿＿＿＿＿＿＿＿

＿＿。

（10）千斤顶必须垂直放置，＿＿＿＿＿＿＿＿＿＿＿＿＿＿＿＿＿＿＿＿＿＿＿＿＿＿＿。

（11）千斤顶不能超起重量使用，＿＿＿＿＿＿＿＿＿＿＿＿＿＿＿＿＿＿＿＿＿＿＿＿＿。

（12）在无负荷时，千斤顶达不到规定的高度，应＿＿＿＿＿＿＿＿＿＿＿＿＿＿＿＿＿＿。若＿＿＿＿＿＿＿＿＿＿＿＿＿＿＿＿＿＿，＿＿＿＿＿＿＿＿＿＿＿＿＿＿＿＿＿＿＿＿。

16. 架车凳又叫＿＿＿＿＿＿＿＿＿＿＿。对架车凳的基本要求：＿＿＿＿＿＿＿＿＿＿＿＿

＿＿＿＿＿＿＿＿＿＿＿＿＿＿＿＿＿＿＿＿＿＿＿＿＿。长条凳式或方凳式架车凳，由于凳子的高度不能调整，又较笨重，已较少使用。

17. 架车凳按升降顶柱不同可分为＿＿＿＿＿＿＿＿＿＿＿、＿＿＿＿＿＿＿＿＿＿＿、＿＿＿＿＿＿＿＿＿＿3种。

18. 汽车举升的注意事项有哪些？

（1）_____。

（2）_____。

（3）_____。

（4）_____。

（5）_____。

（6）_____。

（7）_____。

（8）_____。

实践操作训练

一、参照教程补全五菱小旋风（B 系列）货车举升的操作步骤

1. 准备

（1）在举升前，要根据_____。

（2）确保_____，并将它们放在车辆附近。

（3）将_____放在左前轮胎和右前轮胎的前后两侧（车辆从后面举升），如图 1-40 所示。

图 1-40　放置挡块

2. 举升

（1）将千斤顶锁紧并_____再举升车辆。注意千斤顶的手柄应朝向维修人员方便操作的一侧，如图 1-41 所示。

（2）用_____将千斤顶替换下来，如图 1-42 所示。

图 1-41　千斤顶举升车辆

图 1-42　架车凳替换千斤顶

（3）用同样的方法将另一侧的车轮举起，用＿＿＿＿＿＿＿＿＿＿将千斤顶替换下来，如图 1-43 所示。

图 1-43　举升车辆另一端

（4）用千斤顶重新将车顶起来，移除架车凳，将车缓缓放下，垫好三角木。

二、在实训车间完成举升汽车的操作

操作要求如下。

（1）按照维修手册的要求将车轮固定好，确保汽车被举起后保持静止状态。

（2）按照要求将架车凳放到相应的位置，然后缓慢地将千斤顶放下并移出。

（3）用千斤顶重新将汽车顶起来，移除架车凳，将汽车缓缓放下，垫好三角木。

（4）按规定操作，注意生产安全，任务完成后注意保持环境卫生。

考核

学生学习评价表

	评价内容及评分标准	自我评价(打分)	小组相互评价（打分）	教师评价(打分)
信息收集（15分）	理解任务或问题的程度（5分）			
	收集信息的完整性（5分）			
	对信息（知识）的领悟性（5分）			
制订计划（20分）	计划制订参与程度（10分）			
	计划的合理性及实用性（10分）			
修改计划（15分）	和老师怎么讨论计划（5分）			
	和老师讨论后，是否知道如何改进计划（5分）			
	计划修改后的完整性（5分）			
实施（20分）	是否按计划进行工作（5分）			
	是否亲自实施计划（5分）			
	是否记录工作过程及结果（10分）			
检查（15分）	是否按计划的要求去完成任务（5分）			
	是否达到预期目标（5分）			
	整个工作流程是否与标准流程符合（5分）			
评价（15分）	是否按计划完成了任务或解决了问题（5分）			
	在哪个环节上可以改进（2分）			
	学习团队的合作情况（3分）			
	现场 5S 及劳动纪律（5分）			
总分（100分）				
总评				

一体化项目（任务）考核评分表

任课教师签字：

序号	考核内容	配分	评分标准	考核记录	扣分	得分
一	五菱微型卡车或者红塔轻卡汽车的举升	5	准备工具			
		5	用三角木将汽车垫好			
		10	用千斤顶将前桥左边顶起			
		10	用架车凳将千斤顶换下			
		10	用千斤顶将前桥右边顶起			
		10	用架车凳将右边千斤顶换下			
		10	检查车辆是否平稳、安全可靠			
		15	将顶起的车辆平稳地放下			
二	职业素养	10	课堂的纪律性			
		5	文明操作			
		5	工具及设备的整齐、清洁度			
三	基础知识填空	5	回答正确，书写工整，按时全部完成			
	合计	100				

任务五 活塞环与气门的拆装工具

基础知识填空

1. 活塞环拆装钳是＿＿＿＿＿＿＿＿＿＿＿＿＿＿＿＿＿＿＿＿。维修发动机时，必须使用活塞环拆装钳拆装活塞环。

2. 使用活塞环拆装钳拆装活塞环时，＿＿＿＿＿＿＿＿＿＿＿＿＿＿＿＿＿＿

＿＿＿＿＿＿＿＿＿＿＿＿＿＿＿＿＿＿＿＿＿＿＿＿＿＿＿＿＿＿＿＿＿。

3. 使用活塞环拆装钳拆装活塞环时，＿＿＿＿＿＿＿＿＿＿＿＿＿＿＿＿＿＿

_____。

活塞环要与环卡紧贴，_____。

4. 气门拆装夹具是一种专门用于_____。

5. 使用气门拆装夹具时，将拆装夹具的托架抵住气门，_____，
_____，使得气门弹簧被压缩。当锁片露出来后，用尖嘴钳或其他工具取下_____
_____，即可取出气门弹簧座、气门弹簧和气门等。

6. 金属丝刷是_____。制造丝刷刷针的材料
有两种：_____和_____。钢丝刷针强度高、耐用，清洁速度也高，
但容易刮伤零件的工作面。铜丝刷针的特点与钢丝刷针的特点正相反。

7. 常用的板形金属丝刷有双面锉刀刷、钢丝刷两种。锉刀刷的刷针排列紧密，适宜用来
消除锉刀上的金属屑，但不宜用来_____。钢丝刷的刷针粗而稀，适宜_____
_____。

8. 轮式金属丝刷又叫钢丝轮。市售的轮式金属丝刷夹板孔径为 20mm，刷宽为 20mm，
轮径为 125～400mm（共 7 种规格）。轮式金属丝刷可装在砂轮机上，也可以通过专用_____
_____。

9. 图 1-44 所示为以_____的专用金属丝刷。图 1-44（b）所
示的金属丝刷是用来_____，由于_____，
所以_____。图 1-44（c）所示的金属丝
刷适于_____。图 1-44（d）所示的金属丝刷用
来_____。

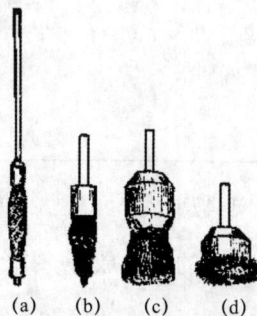

图 1-44　各种专用金属丝刷

10. 滑脂枪又称黄油枪，是一种专门用来＿＿＿＿＿＿＿＿＿＿＿＿＿＿＿＿

＿＿＿＿＿＿＿＿＿＿＿＿＿＿＿＿＿＿＿＿＿＿＿＿＿＿＿＿＿＿＿＿＿＿。

11. 填装润滑脂的方法。拉出拉杆使＿＿＿＿＿＿＿＿＿＿＿＿＿，拧下＿＿＿＿＿＿＿＿＿＿

＿＿＿＿＿＿＿＿＿。把干净润滑脂＿＿＿＿＿＿＿＿＿＿＿＿，慢慢装入缸筒内，且使润滑

脂团之间尽量相互贴紧，便于缸筒内的空气排出。装回前盖，推回拉杆，柱塞在弹簧作用下

前移，使润滑脂处于压缩状态。

12. 润滑脂加注方法。把滑脂枪注油接头正对被润滑部位的注油口，＿＿＿＿＿＿＿＿＿＿，

＿＿＿＿＿＿＿＿＿＿＿＿＿＿＿＿＿，以防润滑脂漏出，减少润滑脂的浪费。

实践操作训练

一、参照教程补全以下操作步骤

1. 用气门拆装夹具拆装气门组

（1）用＿＿＿＿＿＿＿＿＿＿＿＿＿＿＿＿＿＿＿顶住气门，＿＿＿＿＿＿＿＿＿顶

住气门弹簧座，转动螺杆手柄，压缩气门弹簧至露出气门锁片，如图1-45所示。

（2）用＿＿＿＿＿＿＿＿＿＿＿＿＿＿＿＿夹出气门锁片，如图1-46所示。

图1-45　压出气门锁片

图1-46　夹出气门锁片

（3）＿＿＿＿＿＿＿＿＿＿＿＿＿＿＿，＿＿＿＿＿＿＿＿＿＿＿＿＿＿，移出气门拆装夹具，拿出气门弹

簧、弹簧座、气门及气门油封，如图1-47所示。注意，油封可用鲤鱼钳夹住并拔出。

（4）逐一拆卸气门后，按顺序将拆下的配件放好。排气门和进气门都要＿＿＿＿＿＿＿＿＿，

锁片、气门弹簧、气门弹簧座要按缸放在一起，如图1-48所示，以免在装配时混装。

图 1-47 拿出气门弹簧

图 1-48 将拆下配件放好

2. 用气门拆装夹具安装气门组

（1）清洗＿＿＿＿＿＿＿＿＿＿＿＿＿＿＿＿＿＿＿＿＿＿＿，并用压缩空气吹干净。

（2）分别在＿＿＿＿＿＿＿＿＿＿＿＿＿＿＿＿＿＿＿＿涂一层机油。

（3）将气门按顺序插进气门导管内，安装＿＿＿＿＿＿＿＿＿＿＿＿＿＿＿。

（4）安装弹簧，用气门拆装夹具压缩气门弹簧至气门杆露出气门锁片槽。

（5）用＿＿＿＿＿＿＿＿＿＿＿＿＿＿夹住气门锁片放入气门弹簧座中。在锁片上涂些润滑脂，可使锁片粘在气门杆上。

（6）＿＿＿＿＿＿＿＿＿＿＿＿＿＿，气门锁片进入气门弹簧座的锥形内圈里。

（7）用方木垫起气缸盖，使气门头部有松动余地，用＿＿＿＿＿＿＿＿＿＿＿＿＿轻轻敲气门杆端部，检查气门锁片是否装好，＿＿＿＿＿＿＿＿＿＿＿＿＿＿＿＿＿＿＿＿＿，即为装好。

3. 用活塞环拆装钳拆装活塞环

（1）将＿＿＿＿＿＿＿＿＿＿＿＿＿＿＿＿＿＿＿紧贴活塞环，钳口对准活塞环开口，如图 1-49 所示。

（2）＿＿＿＿＿＿＿＿＿＿＿＿＿＿＿＿＿＿＿＿＿＿＿＿＿，当活塞环全部脱离活塞后，慢慢向上移动活塞环拆装钳，直到活塞环离开活塞，如图 1-50 所示。

图 1-49 活塞环拆装钳夹住活塞环

图 1-50 活塞环脱离活塞

（3）安装时，先将活塞环紧贴在活塞环拆装钳的环卡上，同时慢慢压缩活塞环拆装钳钳柄，使活塞环固定在活塞环拆装钳上，如图 1-51 所示。

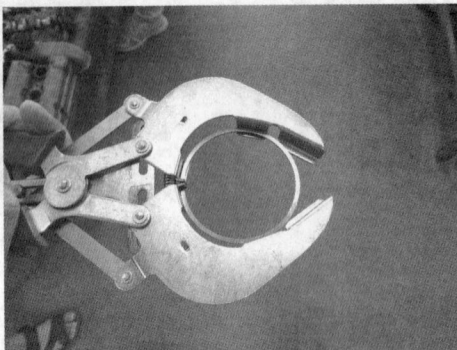

图 1-51　活塞环固定在活塞环拆装钳上

（4）压缩活塞环拆装钳钳柄，_____时，将其缓慢平整地放入活塞环槽内，如图 1-52 所示。

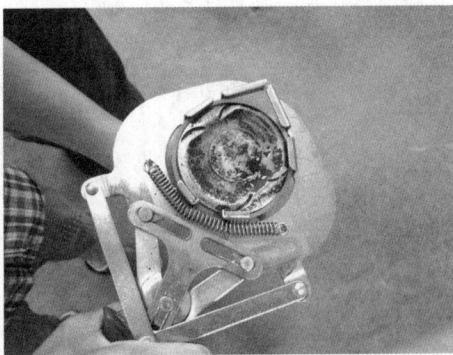

图 1-52　将活塞环放入活塞环槽内

二、在实训车间完成利用活塞环拆装钳拆装活塞环，利用气门拆装夹具拆装气缸盖气门、锁片、气门座等零部件的实际操作

操作要求如下。

（1）按照维修手册的要求将活塞环进行拆装。

（2）按照维修手册的要求将气缸盖气门零部件进行拆装。

（3）按规定操作，注意生产安全，任务完成后注意保持环境卫生。

考核

学生学习评价表

评价内容及评分标准		自我评价(打分)	小组相互评价（打分）	教师评价（打分）
信息收集（15分）	理解任务或问题的程度（5分）			
	收集信息的完整性（5分）			
	对信息（知识）的领悟性（5分）			
制订计划（20分）	计划制订参与程度（10分）			
	计划的合理性及实用性（10分）			
修改计划（15分）	和老师怎么讨论计划（5分）			
	和老师讨论后，是否知道如何改进计划（5分）			
	计划修改后的完整性（5分）			
实施（20分）	是否按计划进行工作（5分）			
	是否亲自实施计划（5分）			
	是否记录工作过程及结果（10分）			
检查（15分）	是否按计划的要求去完成任务（5分）			
	是否达到预期目标（5分）			
	整个工作流程是否与标准流程符合（5分）			
评价（15分）	是否按计划完成了任务或解决了问题（5分）			
	在哪个环节上可以改进（2分）			
	学习团队的合作情况（3分）			
	现场 5S 及劳动纪律（5分）			
总分（100分）				
总评				

一体化项目（任务）考核评分表

任课教师签字：

序号	考核内容	配分	评分标准	考核记录	扣分	得分
一	活塞环及气门的拆装	5	准备工具			
		5	用活塞环拆装钳拆卸第一道气环			
		5	用活塞环拆装钳拆卸第二道气环			
		10	用气门拆装夹具压缩气门弹簧至露出气门锁片			
		10	用尖嘴钳（或一字形螺钉旋具）夹出气门锁片			
		10	放松气门弹簧后，移除气门拆装夹具			
		5	拿出气门弹簧、弹簧座、气门及气门油封等零部件			
		15	按与拆卸相反的顺序装好气门的零部件			
		10	按与拆卸相反的顺序装好活塞环			
二	职业素养	10	课堂的纪律性			
		5	文明操作			
		5	工具及设备的整齐、清洁度			
三	基础知识填空	5	回答正确，书写工整，按时全部完成			
	合计	100				

任务六 汽车电气检测仪表工具

基础知识填空

1. 万用表由表头、测量电路及转换开关 3 个主要部分组成。万用表是电子测试领域最基本的工具之一，也是一种使用广泛的测试仪器。万用表又叫多用表、三用表（A、V、Ω 即电流、电压、电阻三用）、复用表、万能表。万用表分为＿＿＿＿＿＿＿＿＿＿＿＿＿＿

＿＿＿＿＿＿＿＿。一般万用表可测量直流电流、＿＿＿＿＿＿＿、＿＿＿＿＿＿＿、＿＿＿＿＿＿ 和

＿＿＿＿＿＿＿等，有的还可以测交流电流、电容量、电感量、温度及半导体（二极管、三极管）的一些参数。数字万用表＿＿＿＿＿＿＿＿＿＿＿＿＿＿＿＿＿＿＿＿＿＿＿＿＿，与指针式万用表相比，数字万用表灵敏度高，精确度高，显示清晰，过载能力强，便于携带，使用也更方便简单。

2. 万用表的工作原理是利用＿＿＿＿＿＿＿＿＿＿＿＿＿＿＿＿＿＿＿＿＿＿＿＿，当微小电流通过表头，就会有电流指示。但表头不能通过大电流，所以，必须在表头上并联或串联一些电阻进行分流或降压，从而测出＿＿＿＿＿＿＿＿＿＿＿＿＿＿＿＿＿＿＿＿＿＿＿。

3. 指针式万用表可用来测量＿＿＿＿＿＿＿＿＿＿＿＿、＿＿＿＿＿＿＿＿＿＿＿＿、＿＿＿＿

＿＿＿＿＿等。汽车维修中,常用万用表来测量＿＿＿＿＿＿＿＿＿＿＿＿＿＿＿＿＿＿＿等，以判断电路的通断和电气设备的技术状况。

4. 使用万用表时应注意什么？

正确地使用开关，＿＿＿＿＿＿＿＿＿＿＿＿＿＿＿＿＿＿。由于万用表所能测量的电流很小，＿＿＿＿＿＿＿＿＿＿＿＿＿＿＿＿＿＿＿＿＿＿＿＿＿＿＿＿，所以在汽车维修中不用它来＿＿＿＿＿＿＿＿＿＿＿＿＿＿＿＿＿＿＿＿＿＿＿＿＿＿＿＿＿＿。同时要注意：＿＿＿＿＿＿＿＿＿＿＿＿＿＿＿＿＿＿＿＿＿＿＿＿＿＿＿＿。

5. 电阻的测量方法是什么？

表盘上有几种电量的刻线，测量时应弄清从哪一道刻线读数和如何处理所读数值。电阻的测量方法：将开关转到＿＿＿＿＿＿＿＿＿＿＿＿＿＿＿＿＿＿＿＿＿＿＿。将两表笔的一端分别插入＿＿＿＿＿＿＿＿＿＿＿＿＿＿＿＿＿＿＿＿＿插孔中，另一端直接接触短路，＿＿＿＿＿＿＿＿＿，＿＿＿＿＿＿＿＿＿＿＿＿＿＿＿，＿＿＿＿＿＿＿＿＿＿＿＿＿＿＿＿。

6. 直流电压的测量方法是什么？

将开关转到直流电压（V）挡的适当位置。注意表笔的＿＿＿＿＿＿＿＿＿＿＿＿要和电路两端的正负一致，否则指针会反摆，＿＿＿＿＿＿＿＿＿＿＿＿＿＿＿＿＿。从"DC"刻线上读数。如果电压挡在"50"位置，那么该道刻线满量程是 50V，每小格是 1V。在测量电压前，如果指针不在零位，可转动表盘下面的螺钉来调整指针归零。

7. 交流电压的测量方法是什么？

交流电压的测量方法与直流电压的基本相同，只需将选择开关转到交流电压（V～）挡的适当位置。若被测电压为 10V 以上，应从第三道刻线"AC"上读数；若被测电压_____，则应从第四道刻线"AC10V"上读数。

8. 数字万用表是一种新型的_____，近年来迅速得到推广和普及，在许多情况下正在逐步取代指针式万用表。

9. 请写出图 1-53 所示各部分的名称。

图 1-53　DY2201 型数字万用表操作示意图

1—_____　2—_____　3—_____　4—_____

5—_____　6—_____　7—_____　8—_____

10. 用数字万用表测量直流电压。

（1）将功能/量程开关置于_____。

（2）将黑表笔插入_____，红表笔插入_____。将表笔并联接在_____上，仪表在显示电压读数的同时会指示出红表笔的极性。

11. 用数字万用表测量电压时的注意事项。

（1）在测量之前，如果不知被测电压范围时，应_____。

（2）当只显示最高位"1"时，_____

_____。

（3）不能用万用表测量高于 1000V 的电压，_____

_____。

（4）测量高压时应_____。

12. 用数字万用表测量交流电压。

（1）将功能/量程开关置于_____。

（2）将黑表笔插入_____，红表笔插入_____，并将表笔并联接在_____，仪表即显示电流读数。

13. 用数字万用表测量直流电流。

（1）将功能/量程开关置于_____。

（2）将黑表笔插入 COM 插孔，红表笔插入_____。将测试表笔串入被测电路中，仪表显示电流读数的同时会指示出红表笔的极性。

14. 用数字万用表测量电阻。

（1）将功能/量程开关置于_____。

（2）将黑表笔插入_____，红表笔插入_____，将测试表笔跨接在_____。

15. 用数字万用表测量电阻时的注意事项。

（1）当输入端断路时，_____

_____。

（2）当被测电阻在 1MΩ 以上时，_____

_____。

（3）检测在线电阻时，_____

_____。

16. 试灯由_____组成。

17. 试灯因_____、携带方便而经常应用于汽车_____

_____。它还可以代替_____。

18. 电子点火器基本电路的内部主要是_____。电子点火器的工作原理：_____

_____。

19. 检测电子点火器是否存在故障时，可将试灯接于点火线圈_____之间，如图 1-54（a）所示。拔下_____，

_____，
_____。试

灯如果仍然不亮或长亮不闪，说明_____。也可
用 2 个 3～5W 的汽车仪表灯泡分别与电子点火器的"1"端与"2"端串联后再接至蓄电池正
极_____，如图 1-54（b）所示。这样，灯泡②

代替_____，作为电子点火器内部功率晶体管的负载
（注意：_____
_____）。灯泡①作

为_____，由于内部电路的电流小，在该灯泡上

的_____，只会使_____，并不影响其前置放大功能。

然后，_____，将使灯泡②闪亮。如果灯泡②不闪

亮，_____；如果灯泡②仍然不亮
或长亮不闪，说明_____。检测方法 2 用了 2 个
3～5W 的灯泡做保护与指示，正常闪亮发光的是灯泡②，接晶体管集电极，电流大；_____
_____，接内部前置电路，电流小。由于串联 2 个灯泡，无论怎样，_____
_____。也可以将点火线圈与点火器的导线连接器插接好，
用电压表或示波器检查发动机 ECU 端子间的电压。

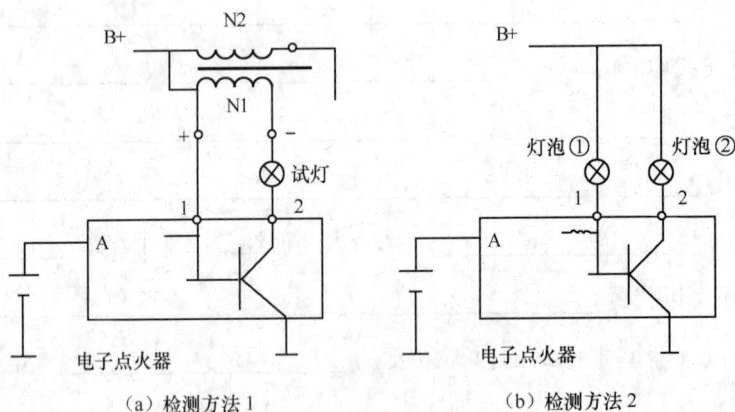

（a）检测方法 1　　　　　　　　（b）检测方法 2

图 1-54　微机控制的电子点火器的试灯检测

实践操作训练

参照教程补全以下操作步骤，并按步骤完成实际操作，将测量结果填入表 1-2 中。

1. 发电机电磁开关检测

（1）准备工具（＿＿＿＿＿＿＿＿＿）、被测零件等。将表笔插入相应的插孔中。

（2）打开万用表开关。

（3）检查万用表，将万用表的功能开关置于＿＿＿＿＿＿＿＿，＿＿＿＿＿＿＿＿＿。此时万用表应发出蜂鸣声，否则万用表就不能使用。

（4）将功能开关置于所需量程范围（＿＿＿＿＿＿＿＿＿＿）。

（5）测量发电机电磁开关的吸引线圈的电阻。一表笔接触＿＿＿＿＿＿＿＿，另一表笔接触＿＿＿＿＿＿＿＿，如图 1-55 所示。吸引线圈的标准电阻值为＿＿＿＿＿＿＿＿，若电阻值＿＿＿＿＿＿＿＿，说明吸引线圈有短路或断路故障，需要更换。

图 1-55　吸引线圈电阻的检查

（6）测量保持线圈电阻。一表笔接触＿＿＿＿＿＿＿＿，另一表笔＿＿＿＿＿＿＿＿，如图 1-56 所示。保持线圈的标准电阻值为＿＿＿＿＿＿＿＿。若电阻值＿＿＿＿＿＿＿＿，说明保持线圈有短路或断路故障，需要更换。

图 1-56　检查保持线圈

（7）测量电磁开关的接触情况。将万用表的功能开关置于＿＿＿＿＿＿＿＿＿＿＿，两表笔分别连接到电磁开关的接线柱上，同时用力压下铁心，如图 1-57 所示。

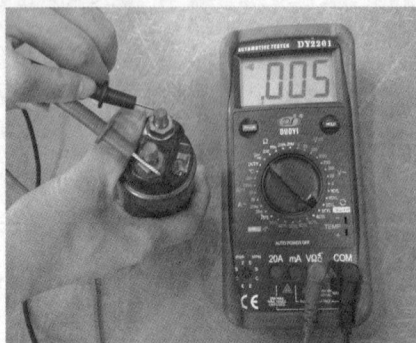

图 1-57　检测电磁开关接触情况

2. 利用数字万用表测量蓄电池电压

将万用表的功能开关置于＿＿＿＿＿＿＿＿＿＿＿，两表笔分别连接到蓄电池的正、负极，查看读数，再将正、负极反接测量，并查看读数，如图 1-58 所示。

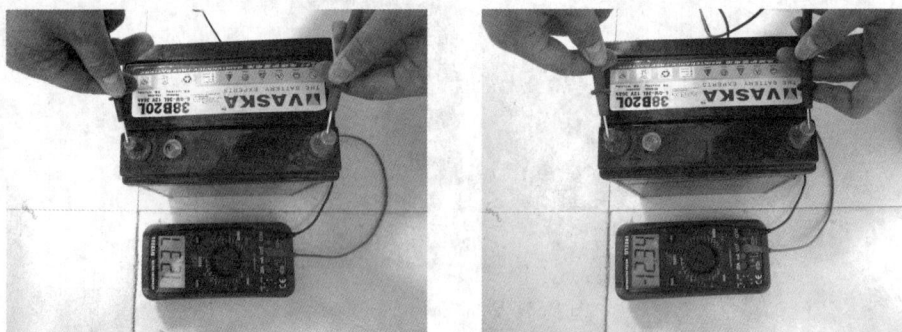

图 1-58　测量蓄电池电压

将以上操作中的测量数值汇总到表 1-2 中。

表 1-2　　　　　　　　　　　　　　　　测量结果

序号	测量项目	测量数值
1	吸引线圈电阻（Ω）	
2	保持线圈电阻（Ω）	
3	触点开关电阻（Ω）	
4	蓄电池电压（V）	

考核

学生学习评价表

	评价内容及评分标准	自我评价（打分）	小组相互评价（打分）	教师评价（打分）
信息收集 （15分）	理解任务或问题的程度（5分）			
	收集信息的完整性（5分）			
	对信息（知识）的领悟性（5分）			
制订计划 （20分）	计划制订参与程度（10分）			
	计划的合理性及实用性（10分）			
修改计划 （15分）	和老师怎么讨论计划（5分）			
	和老师讨论后，是否知道如何改进计划（5分）			
	计划修改后的完整性（5分）			
实施 （20分）	是否按计划进行工作（5分）			
	是否亲自实施计划（5分）			
	是否记录工作过程及结果（10分）			
检查 （15分）	是否按计划的要求去完成任务（5分）			
	是否达到预期目标（5分）			
	整个工作流程是否与标准流程符合（5分）			
评价 （15分）	是否按计划完成了任务或解决了问题（5分）			
	在哪个环节上可以改进（2分）			
	学习团队的合作情况（3分）			
	现场 5S 及劳动纪律（5分）			
总分（100分）				
总评				

一体化项目（任务）考核评分表

任课教师签字：

序号	考核内容	配分	评分标准	考核记录	扣分	得分
一	用数字万用表测量电阻和直流电压	5	准备工具、零件			
		5	插好表笔连线			
		5	打开电源开关			
		10	选择量程			
		10	校核仪器			
		15	测量电磁开关的电阻			
		15	测量蓄电池的直流电压			
		10	整理工具、零件			
二	职业素养	10	课堂的纪律性			
		5	文明操作			
		5	工具及设备的整齐、清洁度			
三	基础知识填空	5	回答正确，书写工整，按时全部完成			
	合计	100				

综合训练

一、任务引入

16款宝骏汽车的发动机需要更换气缸盖，请根据所学知识准备气缸盖拆装所需工具，并按规定对气缸盖进行拆装。

二、知识链接（工具相关的知识点参见教程内容）

1. 开口扳手、梅花扳手、套筒扳手的使用方法。

2. 指示式扭力扳手的使用方法。

3. 预置式扭力扳手的使用方法。

4. 清洁工具的使用方法。

5. 磁力棒的使用方法。

三、制订计划

老师将学生分成若干小组，每组 5 人左右，每组选出一个组长，组长负责对组员进行任务分配，组员按照组长的要求完成相应的任务，并将所完成的任务内容填入任务计划表中。

任务计划表

序号	任务	个人任务	完成情况	教师或组长检验结果
1				
2				
3	拆装发动机气缸盖：请根据所学知识准备气缸盖拆装所需工具，并按规定对气缸盖进行拆装			
4				
5				
6				
7				

四、检查、修改计划

教师检查学生所做的计划，根据要求提出相应的修改计划，填入下表。如计划做得较完美则无须修改，直接进入下一阶段。

检查、修改后任务计划表

序号	任务	个人任务	完成情况	教师或组长检验结果
1				
2	拆装发动机气缸盖：请根据所学知识准备气缸盖拆装所需工具，并按规定对气缸盖进行拆装			
3				
4				
5				

五、任务实施

（一）教学准备

1. 一体化实训场地准备：工作台、发动机等。

2．工具准备：拆装工具套装。

3．资料准备：教学课件、视频资料、维修手册、网络教学资源。

（二）填写工具使用卡

根据制订的方案实施任务，并按要求填写工具使用卡。

工具使用卡

工具清单		
拆装工具方案及使用情况	1.拆卸工具：	
	2.安装工具：	
	3.工具使用情况：	
组员签字	组长签字	指导教师签字

任务一 钢直尺、卡钳、塞尺及刀口尺

基础知识填空

1. 钢直尺是最简单的长度量具之一，它的长度规格有_____共 4 种。

2. 钢直尺用于测量零件的长度尺寸时，它的测量结果_____。这是由于_____，而刻线本身的宽度就有 0.1～0.2mm，所以测量时读数误差比较大；钢直尺只能读出毫米数，即它的最小读数值为 1mm，比 1mm 小的数值只能估计而得。

3. 卡钳是最简单的比较量具之一，有内卡钳和外卡钳之分。外卡钳是用来测量外径和平面的，内卡钳是用来测量_____的。图 2-1 所示为常见的两种内、外卡钳。

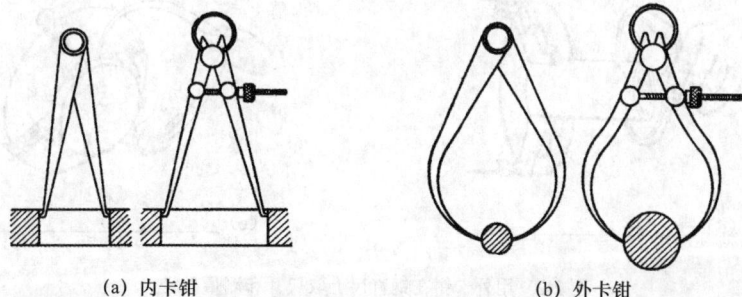

(a) 内卡钳   (b) 外卡钳

图 2-1 内、外卡钳

4. 卡钳开度的调节，首先检查钳口的形状，_____影

响很大，应注意经常修整钳口的形状。调节卡钳的开度时，先用＿＿＿＿＿＿＿＿＿＿＿

＿＿＿＿＿＿＿＿＿＿＿＿＿＿＿＿＿＿＿＿＿＿＿的开度，然后轻敲卡钳的外侧来减小卡钳的开

度，＿＿＿＿＿＿＿＿＿＿＿＿＿＿＿＿＿＿＿＿＿＿＿的开度。但不能直接敲击钳口，避免因

卡钳的钳口损伤测量面而引起测量误差。更不能在机床的导轨上敲击卡钳。

5. 外卡钳在钢直尺上量取尺寸时，如图2-2（a）所示，一个钳脚的测量面＿＿＿＿＿＿＿

＿＿＿＿＿＿＿，另一个钳脚的测量面＿＿＿＿＿＿＿＿＿＿＿＿＿＿＿，且两个测量面的连线应与

钢直尺平行，人的视线要＿＿＿＿＿＿于钢直尺。

用外卡钳测量外径，就是＿＿＿＿＿＿＿＿＿＿＿＿＿＿＿＿＿＿＿＿＿的松紧程度，如

图2-2（b）所示。以卡钳靠自重能刚好滑下为宜。如当卡钳滑过外圆时，手没有感觉到卡钳

触碰了被测物，就说明外卡钳比零件外径尺寸大，如靠外卡钳的自重不能滑过零件外圆，则

说明外卡钳比零件外径尺寸小。不可将＿＿＿＿＿＿＿＿＿＿＿＿＿＿＿＿＿＿＿＿＿＿＿，否则

会产生误差，如图2-2（c）所示。由于卡钳有弹性，不能将外卡钳用力压过外圆，更不能把

卡钳横着卡上去，如图2-2（d）所示。对于大尺寸的外卡钳，靠其自重滑过零件外圆的测量

压力太大，此时应托住外卡钳进行测量，如图2-2（e）所示。

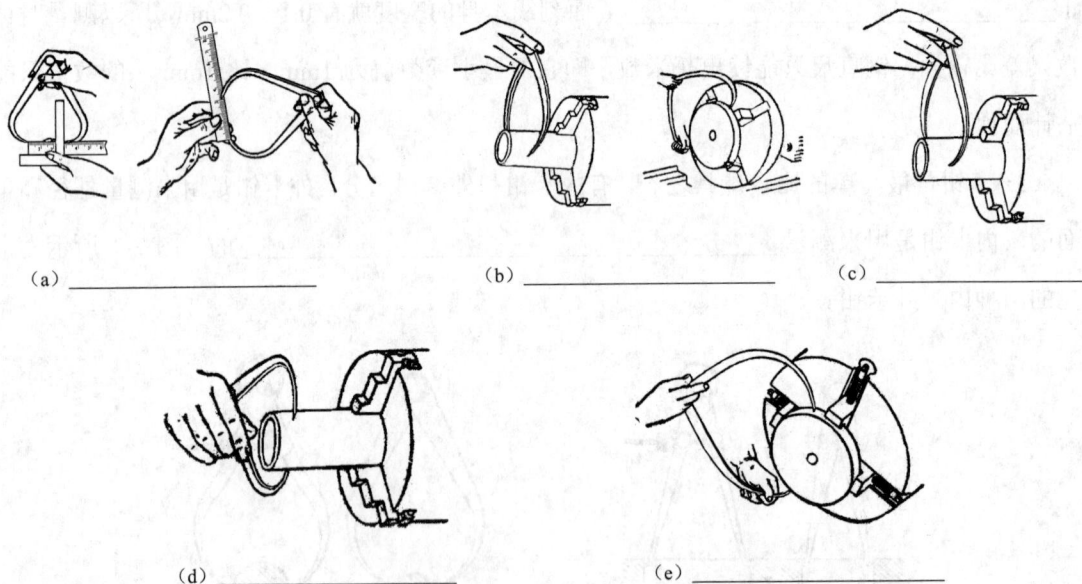

（a）＿＿＿＿＿＿＿＿＿＿＿＿　　　　（b）＿＿＿＿＿＿＿＿＿＿＿＿　　　（c）＿＿＿＿＿＿＿＿＿＿＿＿

（d）＿＿＿＿＿＿＿＿＿＿＿＿　　　　　　　　　（e）＿＿＿＿＿＿＿＿＿＿＿＿

图2-2　用外卡钳在钢直尺上取尺寸和测量外径

6. 用内卡钳测量内径时，应将钳脚的测量面放在孔壁上作为支点（见图2-3（a）），上面

的钳脚＿＿＿＿＿＿＿＿＿＿＿＿＿＿＿＿＿＿＿＿＿，并逐渐向外沿孔壁圆周方向摆动，

当沿孔壁圆周方向能摆动的距离为最小时，则表示钳脚的两个测量面已处于内孔直径的两端点，如图 2-3（b）所示。

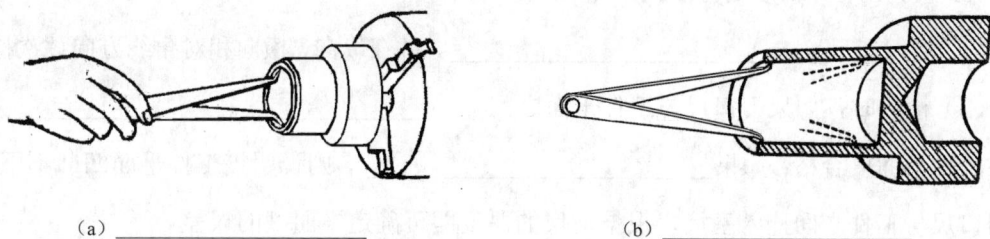

（a）＿＿＿＿＿＿＿＿＿＿＿＿＿＿＿　　　　　　（b）＿＿＿＿＿＿＿＿＿＿＿＿

图 2-3　内卡钳测量方法

7. 卡钳具有结构简单、制造方便、价格低廉、维护和使用方便等特点，被广泛应用于__
＿＿＿＿＿＿＿＿＿＿＿＿＿＿＿＿＿＿＿＿和检验。尤其是对锻铸件毛坯尺寸的测量和检验，卡钳是最合适的测量工具。

8. 塞尺又称＿＿＿＿＿＿＿＿＿＿＿＿＿＿，主要用来检验机床紧固面和紧固面、＿＿＿＿＿＿＿＿＿＿＿＿、＿＿＿＿＿＿＿＿＿＿＿＿、十字头滑板和导板、进排气阀顶端和摇臂、＿＿＿＿＿＿＿＿＿＿＿＿等两个结合面之间的间隙大小。塞尺由许多层厚薄不一的薄钢片组成，每把塞尺中的每片薄钢片具有两个平行的测量平面，且都有厚度标记。测量时，根据结合面间隙的大小，＿＿＿＿＿＿＿＿＿＿＿＿＿＿＿＿＿＿＿＿＿＿＿＿＿＿＿＿＿＿＿＿＿＿＿＿＿。

9. 使用塞尺时必须注意哪些事项？

（1）根据结合面的间隙大小＿＿＿＿＿＿＿＿＿＿＿＿＿＿＿＿＿＿＿＿。

（2）将薄钢片塞入间隙时不能＿＿＿＿＿＿＿＿，以免＿＿＿＿＿＿＿＿＿＿＿。

（3）不能用塞尺测量＿＿＿＿＿＿＿＿＿＿＿＿＿＿＿＿＿＿＿＿。

（4）使用时，不能将塞尺＿＿＿＿＿＿＿＿＿＿＿＿＿＿＿＿，以免塞尺被弯曲和折断。

10. 刀口尺是一种平面精度很高的测量仪器，主要用来检测平尺、平板、机床工作台、导轨和精密工件的平面度和直线度。在汽车维修中，常用刀口尺来测量＿＿＿＿＿＿＿＿＿＿＿＿＿＿＿＿＿。

11. 刀口尺主要用于＿＿＿＿＿＿＿＿＿＿＿＿＿＿＿＿＿＿＿＿，用于检验平面精度。它具有结构简单、＿＿＿＿＿＿＿＿＿＿＿＿＿＿＿＿＿＿＿＿等优点。

12. 刀口尺按材质不同分为＿＿＿＿＿＿＿＿和＿＿＿＿＿＿＿＿两种。＿＿＿＿＿＿＿＿

重量轻，使用方便，不易变形，不会生锈，易于保管。

13. 检验工件平面度的方法。

（1）将刀口尺＿＿＿＿＿＿＿＿＿＿＿＿＿＿＿＿，并在纵向、横向和对角线方向逐次检测。

（2）检测时，如果刀口尺与工件平面之间＿＿＿＿＿＿＿＿＿＿＿＿＿＿＿＿＿＿，

则该工件平面度合格；如果＿＿＿＿＿＿＿＿＿＿＿＿＿＿，则说明该工件平面凹凸不平。可

在刀口尺与工件之间插入塞尺，根据塞尺的厚度即可确定平面度的误差。

（3）用塞尺检测时，测量点应该选在＿＿＿＿＿＿＿＿＿＿＿＿＿＿＿＿，每个方向测量 5

个点。

实践操作训练

一、参照教程补全以下操作步骤

1. 利用刀口尺和塞尺测量发动机气缸盖的平面度误差

（1）将被测零部件和工具清洁干净。

（2）将＿＿＿＿＿＿＿＿＿＿＿＿＿＿垂直放置在气缸盖上，用＿＿＿＿＿＿＿＿＿＿＿＿测量各测

量点的平面度误差，如图 2-4 所示。若薄的塞尺能通过此点，则更换厚一点的，直到塞尺

不能通过为止，此时通过的塞尺厚度即为气缸盖的平面度误差。如 0.05mm 的塞尺能通过，

0.06mm 的塞尺不能通过，那此处的平面度误差为 0.05mm。

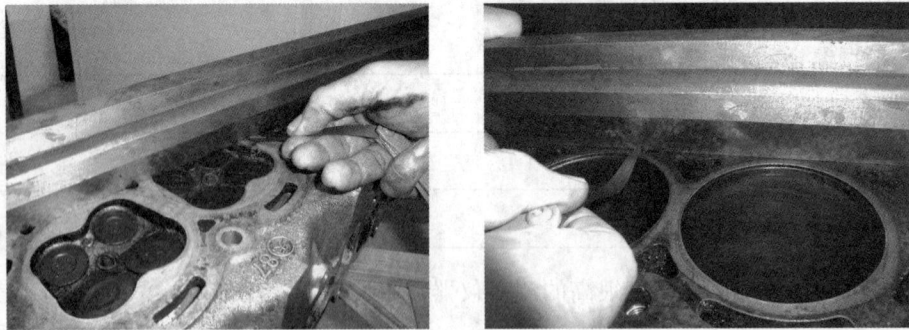

图 2-4　用刀口尺和塞尺测量气缸盖平面度

2. 用塞尺测量发动机气门间隙

（1）有摇臂的气门间隙测量方法：＿＿＿＿＿＿＿＿＿＿＿＿＿＿＿＿＿＿＿＿＿＿＿

_____，如图 2-5 所示。

（2）凸轮轴直接驱动的气门间隙测量方法：_____

_____，如图 2-6 所示。

图 2-5　测量有摇臂的气门间隙

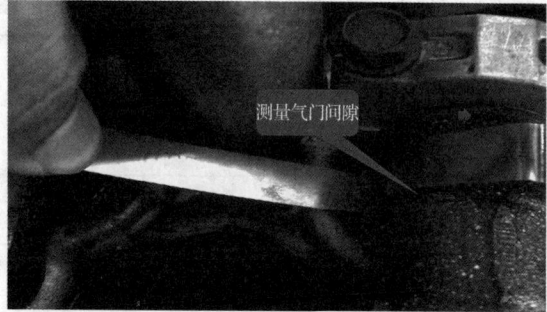

图 2-6　测量凸轮轴直接驱动气门的气门间隙

二、参照教程在实训车间完成实际操作

操作要求如下。

（1）利用刀口尺和塞尺测量发动机气缸盖的平面度。

（2）用塞尺测量发动机气门间隙。

（3）将测量结果填入表 2-1 中。

（4）按规定操作，注意生产安全，任务完成后注意保持环境卫生。

表 2-1　　　　　　　　　　气缸盖测量数值记录表　　　　　　　　　　单位：mm

位置	测量值				平面度
1					
2					
3					
4					
5					
6					
结论及判断					

考核

学生学习评价表

评价内容及评分标准		自我评价（打分）	小组相互评价（打分）	教师评价（打分）
信息收集（15分）	理解任务或问题的程度（5分）			
	收集信息的完整性（5分）			
	对信息（知识）的领悟性（5分）			
制订计划（20分）	计划制订参与程度（10分）			
	计划的合理性及实用性（10分）			
修改计划（15分）	和老师怎么讨论计划（5分）			
	和老师讨论后，是否知道如何改进计划（5分）			
	计划修改后的完整性（5分）			
实施（20分）	是否按计划进行工作（5分）			
	是否亲自实施计划（5分）			
	是否记录工作过程及结果（10分）			
检查（15分）	是否按计划的要求去完成任务（5分）			
	是否达到预期目标（5分）			
	整个工作流程是否与标准流程符合（5分）			
评价（15分）	是否按计划完成了任务或解决了问题（5分）			
	在哪个环节上可以改进（2分）			
	学习团队的合作情况（3分）			
	现场5S及劳动纪律（5分）			
总分（100分）				
总评				

一体化项目（任务）考核评分表

任课教师签字：

序号	考核内容	配分	评分标准	考核记录	扣分	得分
一	利用刀口尺和塞尺测量发动机气缸盖的平面度、气门间隙	5	准备工具			
		5	清洁被测零部件和工具			
		15	将刀口尺垂直放置在气缸盖上，用塞尺测量各测量点			
		15	用同样的方法测量另外 5 个方向的间隙			
		15	将所测量的数据填入表格中，计算平面度			
		10	测量有摇臂的气门间隙			
		10	凸轮轴直接驱动的直接用塞尺测量			
二	职业素养	10	课堂的纪律性			
		5	文明操作			
		5	工具及设备的整齐、清洁度			
三	基础知识填空	5	回答正确，书写工整，按时全部完成			
	合计	100				

任务二 游标读数量具

基础知识填空

1. 游标读数量具是指应用游标读数原理制成的量具，一般指游标卡尺。游标卡尺是一种常用的量具，具有结构简单、使用方便、精度中等和测量的尺寸范围大等特点，可以用它测量零件的＿＿＿＿＿、＿＿＿＿＿＿＿、＿＿＿＿＿、宽度、厚度、＿＿＿＿＿＿＿、＿＿＿＿＿＿、角度以及齿轮的齿厚等，应用非常广泛。

2. 游标卡尺结构形式。

（1）测量范围为 0～125mm 的游标卡尺，可制成带有＿＿＿＿＿＿＿＿＿＿＿＿＿＿＿＿＿＿＿

＿＿。

（2）测量范围为 0～200mm 和 0～300mm 的游标卡尺，可制成带有＿＿＿＿＿＿＿＿＿

＿＿＿＿＿＿＿＿＿＿＿＿＿＿＿＿＿＿＿＿＿＿＿＿＿＿＿＿＿＿＿＿＿＿＿＿＿。

（3）测量范围为 0～200mm 和 0～300mm 的游标卡尺，也可制成＿＿＿＿＿＿＿＿＿

＿＿＿＿＿＿＿＿＿＿＿＿＿＿＿＿＿＿＿＿＿＿＿＿＿＿＿＿＿＿＿＿＿＿＿＿＿。

3. 请写出图 2-7 中所标位置的名称。

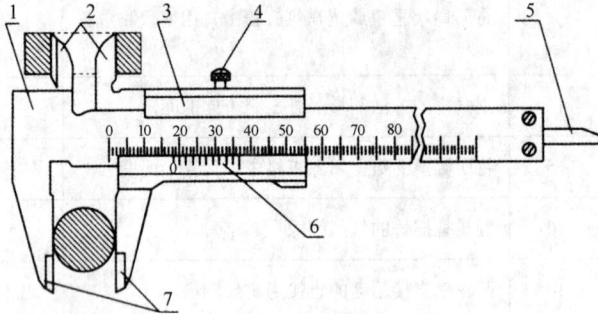

图 2-7　游标卡尺

1—＿＿＿＿＿＿＿＿　　　2—＿＿＿＿＿＿＿＿　　　3—＿＿＿＿＿＿＿＿

4—＿＿＿＿＿＿＿＿　　　5—＿＿＿＿＿＿＿＿　　　6—＿＿＿＿＿＿＿＿　　　7—＿＿＿＿＿＿＿＿

4. 带表卡尺是以精密齿条、齿轮的齿距作为已知长度，以带有相应分度的指示表作为放大、细分和指示部分的大型手携式长度测量工具，如图 2-8 所示。带表卡尺能解决普通游标卡尺的读数误差问题。由于表上的读数是通过齿轮传动得到的，在使用时要慢慢拉动尺框以免产生人为测量的误差。带表卡尺常见的分度值有＿＿＿＿＿＿＿＿＿、＿＿＿＿＿＿＿＿＿和＿＿＿＿＿＿＿＿＿ 3 种。

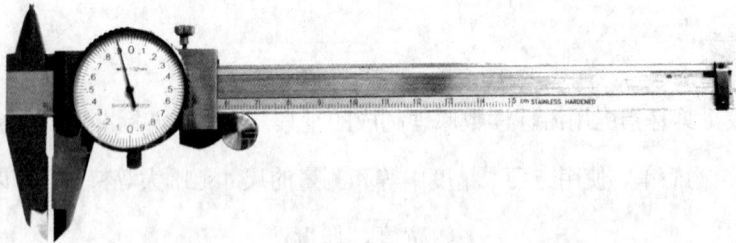

图 2-8　带表卡尺

5. 电子数显卡尺（见图 2-9）是利用＿＿＿＿＿＿＿＿＿＿＿＿＿＿＿＿＿＿＿＿＿＿＿，将卡尺量爪的位移量转变为脉冲信号，通过计数器和显示器将测量尺寸用数字显示在屏幕上的测量器具。电子数显卡尺采用容栅、磁栅等测量系统，以数字显示测量示值的长度。电子数量卡尺常用的分辨率为0.01mm，允许误差为_____；也有分辨率为0.005mm的高精度数显卡尺，允许误差为_____；还有分辨率为0.001mm的多用途数显千分卡尺，允许误差为_____。电子数显卡尺由于读数直观、清晰，测量效率较高。

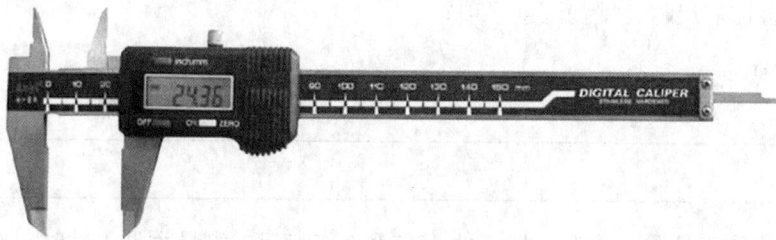

图2-9　电子数显卡尺

6. 游标卡尺的读数机构是由_____两部分组成。当活动量爪与固定量爪贴合时，_____，此时量爪间的距离为"0"。当尺框向右移动到某一位置时，固定量爪与活动量爪之间的距离，就是_____。此时零件尺寸的整数部分，可在游标零线左边的_____上读出来，而比 1mm 小的小数部分，可借助_____来读出。

7. 请写出图2-10所示的读数：_____。

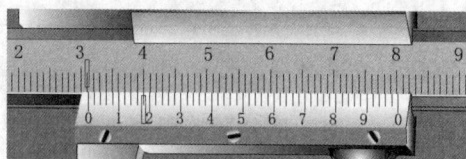

图2-10　游标卡尺读数1

8. 请写出图2-11所示的读数：_____。

图2-11　游标卡尺读数2

9. 测量或检验零件尺寸时，要按照零件尺寸的精度要求，＿＿＿＿＿＿＿＿＿＿＿＿＿＿＿＿＿。游标卡尺是一种中等精度的量具，它只适用于＿＿＿＿＿＿＿＿＿＿＿＿＿＿＿＿＿＿＿＿＿＿＿＿＿＿。用游标卡尺去测量＿＿＿＿＿＿＿＿＿＿＿＿＿＿＿＿＿＿＿＿＿＿＿＿＿＿＿，都是不合理的。前者容易损坏量具，后者测量精度达不到要求，因为量具都有一定的示值误差。

10. 使用游标卡尺时有哪些注意事项？

（1）测量前，＿＿＿＿＿＿＿＿＿＿＿＿＿＿＿＿＿＿＿＿＿＿＿＿＿＿＿＿＿＿＿＿＿＿＿＿

＿＿＿

＿＿。

（2）测量小型工件时，应左手持工件，右手操作卡尺；测量大型工件时，应用两手操作卡尺。测量时，＿＿＿＿＿＿＿＿＿＿＿＿＿＿＿＿＿＿＿＿＿＿＿＿＿＿＿＿＿＿＿＿＿＿＿＿＿＿＿

＿＿＿＿＿＿＿＿＿＿。

（3）使用带微动装置的游标卡尺时，＿＿＿＿＿＿＿＿＿＿＿＿＿＿＿＿＿＿＿＿。移动尺框使＿＿＿＿＿＿＿＿＿＿＿＿＿接近工件，然后＿＿＿＿＿＿＿＿＿＿＿，左手捏住固定量爪，右手旋转调整螺母，使活动量爪的测量面精确、平稳地接触工件。

（4）当测量零件的外尺寸时，＿＿＿＿＿＿＿＿＿＿＿＿＿＿＿＿＿＿＿＿，若有歪斜，可以＿＿＿＿＿＿＿＿＿＿＿＿＿＿＿。如卡尺带有微动装置，此时可＿＿＿＿＿＿＿＿＿＿＿＿

＿＿＿＿＿＿＿＿＿，再转动＿＿＿＿＿＿＿＿＿＿＿＿＿＿，使量爪接触零件并读取尺寸。绝不可以＿＿＿＿＿＿＿＿＿＿＿＿＿＿＿＿＿＿＿＿＿＿＿＿＿，＿＿＿＿＿＿＿＿＿＿＿＿＿＿＿＿＿＿，这样做会使量爪变形，或使测量面过早磨损，使卡尺失去应有的精度。

（5）当测量零件的内尺寸时，要使量爪分开的距离小于所测内尺寸，将量爪放入零件内孔后，＿＿＿＿＿＿＿＿＿＿＿＿＿＿＿＿＿＿＿＿＿＿＿＿＿＿＿＿＿，用紧固螺钉固定尺框后，轻轻取出量爪，读取数据。取出量爪时，用力要均匀，并使卡尺沿着孔的＿＿＿＿＿＿＿＿＿＿＿＿＿＿＿＿＿＿＿，以免使量爪扭伤、变形和受到不必要的磨损，同时避免使尺框移动，影响测量精度。

（6）用下量爪的外测量面测量内尺寸时，在读取测量结果时，一定要把量爪的厚度加上去。即＿＿，

＿＿＿＿＿＿＿＿＿＿＿＿＿＿＿＿＿＿＿＿＿＿＿＿＿＿＿＿＿＿。

（7）用游标卡尺测量零件时，不允许_____，

_____为宜。如果压力过大，_____

_____

_____。

（8）在游标卡尺上读数时，应_____，

使人的视线尽可能和卡尺的刻线表面_____，以免由于视线的歪斜造成读数误差。

（9）为了获得正确的测量结果，_____，即_____

_____。对

于较长零件，则应_____，从而获得

比较准确的测量结果。

（10）不允许用_____。

游标卡尺使用完毕应_____。

实践操作训练

用游标卡尺检查离合器片总成（操作步骤参见教程），将测量数据记录在表 2-2 中。

表 2-2　　　　　　　　　　　测量数据记录表　　　　　　　　单位：mm

	测量位置 1	测量位置 2	测量位置 3	测量位置 4
铆钉头部深度				
膜片弹簧磨损深度				
膜片弹簧宽度				
齿轮的外径				

（1）用游标卡尺，测量铆钉头部深度，深度为_____。

（2）用游标卡尺检查膜片弹簧磨损的深度和宽度，分别为_____

_____。

（3）用游标卡尺测量齿轮的外径，外径为_____。

考核

学生学习评价表

评价内容及评分标准		自我评价(打分)	小组相互评价(打分)	教师评价(打分)
信息收集 （15分）	理解任务或问题的程度（5分）			
	收集信息的完整性（5分）			
	对信息（知识）的领悟性（5分）			
制订计划 （20分）	计划制订参与程度（10分）			
	计划的合理性及实用性（10分）			
修改计划 （15分）	和老师怎么讨论计划（5分）			
	和老师讨论后，是否知道如何改进计划（5分）			
	计划修改后的完整性（5分）			
实施 （20分）	是否按计划进行工作（5分）			
	是否亲自实施计划（5分）			
	是否记录工作过程及结果（10分）			
检查 （15分）	是否按计划的要求去完成任务（5分）			
	是否达到预期目标（5分）			
	整个工作流程是否与标准流程符合（5分）			
评价 （15分）	是否按计划完成了任务或解决了问题（5分）			
	在哪个环节上可以改进（2分）			
	学习团队的合作情况（3分）			
	现场5S及劳动纪律（5分）			
总分（100分）				
总评				

一体化项目（任务）考核评分表

任课教师签字：

序号	考核内容	配分	评分标准	考核记录	扣分	得分
一	用游标卡尺检查离合器片总成	5	准备工具			
		5	清洁被测零部件和工具			
		20	用游标卡尺测量铆钉头部深度			
		20	用游标卡尺检查膜片弹簧磨损的深度和宽度			
		15	用游标卡尺测量齿轮的外径			
		10	将所测数据填入表中			
二	职业素养	10	课堂的纪律性			
		5	文明操作			
		5	工具及设备的整齐、清洁度			
三	基础知识填空	5	回答正确，书写工整，按时全部完成			
合计		100				

任务三　螺旋测微量具

基础知识填空

1. 千分尺的种类很多，常用的有＿＿＿＿＿＿＿＿＿、＿＿＿＿＿＿＿＿＿、＿＿＿＿＿＿＿＿＿、＿＿＿＿＿＿＿＿＿和＿＿＿＿＿＿＿＿＿等，并分别测量或检验零件的外径、内径、深度（厚度）、螺纹的中径和齿轮的公法线长度等。

2. 千分尺由＿＿＿＿＿＿＿＿＿、＿＿＿＿＿＿＿＿＿、＿＿＿＿＿＿＿＿＿和＿＿＿＿＿＿＿＿＿等组成。

3. 刻度原理。在固定刻度套筒轴向刻有＿＿＿＿＿＿＿＿＿，＿＿＿＿＿＿＿＿＿的上、下方都刻有一列间距为 1mm 的刻线，＿＿＿＿＿＿＿＿＿＿＿＿＿＿＿＿＿。微分筒的圆锥面上刻有 50 个等分格。由于测微螺杆和固定刻度套筒的螺距都是＿＿＿＿＿＿＿＿＿mm，所以当微分筒旋转一圈时，测微螺杆＿＿＿＿＿＿＿＿＿，同时微分筒就＿＿＿＿＿＿＿＿＿。当微分筒转动一格（即 1/50 圈）时，测微螺杆就移动＿＿＿＿＿＿＿＿＿，所以千分尺的测量精度为＿＿＿＿＿＿＿＿＿。

4. 千分尺测微螺杆的移动量为_____，所以千分尺的测量范围为 0～25mm。国产千分尺测量范围的尺寸分段为_____

_____等。

5. 用千分尺测量零件的尺寸，就是把被测零件置于千分尺的两个测量面之间。所以，_____，就是零件的测量尺寸。

6. 千分尺的读数方法是什么？

（1）_____

_____。

（2）读出微分筒上的尺寸。确认微分筒圆周上与固定套筒的中线基准对齐的格数，____

_____

_____。

（3）_____。

7. 请分别写出图 2-12～图 2-15 所示的读数。

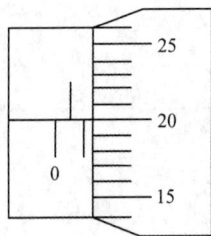

图 2-12　千分尺的读数 1

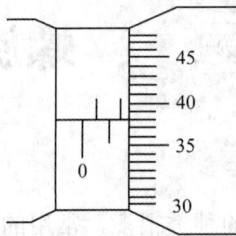

图 2-13　千分尺的读数 2

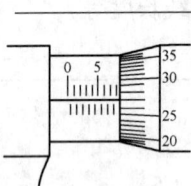

图 2-14　千分尺的读数 3

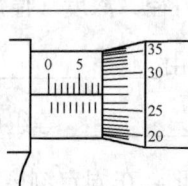

图 2-15　千分尺的读数 4

_____

8. 千分尺在使用过程中，由于磨损，特别是使用不当时，_____

_____

_____。

9. 校正千分尺的零位：将_____，转
动_____（这是对 0～25mm 千分尺而言的，若是其他
测量范围的千分尺，应该在两测量面间放上标准测量杆），检查_____，
是否对齐_____。如果没有对齐，就要进行校正，使中线对齐零位。

（1）如果零位没对齐是由于微分筒的轴向位置不对，_____
_____
_____。

（2）如果零位没对齐是由于微分筒的零线没有对齐固定刻度套筒的中线，_____
_____
_____。

10. 调整千分尺的间隙。千分尺在使用过程中，由于磨损等原因，_____
_____
_____。

11. 使用千分尺测量零件尺寸时，必须注意下列几点。

（1）使用前，_____，_____，
使两测量面接触（若测量上限大于 25mm，在两测量面之间放入校对量杆或相应尺寸的量块），
接触面上应_____，
_____。

（2）转动测力装置时，微分筒应能自由灵活地沿着固定刻度套筒活动，应没有任何卡滞
和不灵活的现象。如有不灵活的现象，_____。

（3）测量前，_____
_____
_____。

（4）用千分尺测量零件时，应当手握测力装置的旋钮来转动测微螺杆，使测量面保持
标准的测量压力，_____
_____。绝对不允许_____
_____，_____，_____
_____，_____。

（5）使用千分尺测量零件时，_____。如测量外径时，_____。可在旋转测力装置的同时，轻轻地晃动尺架，使测量面与零件表面接触良好。

（6）用千分尺测量零件时，最好在_____进行读数，这样可减少_____。如果必须取下千分尺读数，_____，再将千分尺轻轻滑出零件。把千分尺当卡规使用是错误的，这样做不但易使测量面过早磨损，甚至会使测微螺杆或尺架发生变形而使千分尺失去精度。

（7）在读取千分尺上的测量数值时，_____。

（8）为了获得正确的测量结果，_____。尤其是测量圆柱形零件时，应在同一圆周的_____，检查零件外圆有没有圆度误差；再在圆柱形零件长度方向上的各个部位多次测量，检查零件外圆有没有圆柱度误差等。

（9）对于超常温的工件，_____。

（10）单手使用外径千分尺时，可用_____
_____。

实践操作训练

用千分尺测量 462Q 发动机活塞直径以及曲轴和凸轮的轴径（操作步骤见教程），将测量数据填入表 2-3。

表 2-3   气缸盖测量数值记录表   单位：mm

名称 位置	1	2	3	4
活塞直径				
曲轴轴径				
凸轮轴轴径				

考核

学生学习评价表

评价内容及评分标准		自我评价（打分）	小组相互评价（打分）	教师评价（打分）
信息收集 （15分）	理解任务或问题的程度（5分）			
	收集信息的完整性（5分）			
	对信息（知识）的领悟性（5分）			
制订计划 （20分）	计划制订参与程度（10分）			
	计划的合理性及实用性（10分）			
修改计划 （15分）	和老师怎么讨论计划（5分）			
	和老师讨论后，是否知道如何改进计划（5分）			
	计划修改后的完整性（5分）			
实施 （20分）	是否按计划进行工作（5分）			
	是否亲自实施计划（5分）			
	是否记录工作过程及结果（10分）			
检查 （15分）	是否按计划的要求去完成任务（5分）			
	是否达到预期目标（5分）			
	整个工作流程是否与标准流程符合（5分）			
评价 （15分）	是否按计划完成了任务或解决了问题（5分）			
	在哪个环节上可以改进（2分）			
	学习团队的合作情况（3分）			
	现场5S及劳动纪律（5分）			
总分（100分）				
总评				

一体化项目（任务）考核评分表

任课教师签字：

序号	考核内容	配分	评分标准	考核记录	扣分	得分
一	利用千分尺测量活塞直径、曲轴及凸轮轴的轴径	5	准备工具			
		5	清洁被测零部件和工具			
		20	用千分尺测量活塞直径			
		20	用千分尺测量曲轴轴径			
		15	用千分尺测量凸轮轴轴径			
		10	将所测的数据填入表格中			
二	职业素养	10	课堂的纪律性			
		5	文明操作			
		5	工具及设备的整齐、清洁度			
三	基础知识填空	5	回答正确，书写工整，按时全部完成			
	合计	100				

任务四　指示式量具

基础知识填空

1. 百分表由_____、_____、_____、_____、_____等组成，其刻度值（即最小读数值）为0.01mm。当指针转一圈时，_____，转数指示盘的刻度值为1mm。其测量杆行程有_____、_____、_____3种。

2. 使用百分表和千分表时有哪些注意事项？

（1）使用前，_____。

（2）使用百分表或千分表时，_____

_____

_____。

（3）固定百分表时，夹持百分表的套筒_____，以免因套筒变形而使测量杆活动不顺畅。

（4）用百分表或千分表测量零件时，_____

_____。

（5）测量时，不要_____；不要使_____

_____在零件上；不要使_____，也不要

把_____，以免损坏百分表和千分表的机件而使其失去

精度。不要用_____。

（6）用百分表校正或测量零件尺寸，_____。

（7）用百分表检查工件平整度或平行度时，_____

_____

_____。

（8）在百分表和千分表的使用过程中，要严格防止水、油和灰尘渗入表内，测量杆上也不要有油，以免粘有灰尘的油污进入表内，影响表的灵活性和准确性。

（9）百分表和千分表不使用时，应使测量杆处于_____，以免使表内的弹簧失效。如内径百分表不使用时，应将表盘拆下来保存。

3. 万能百分表架_____，可变换各种方向，以适应不同位置的测量工作。万能百分表架通常有_____、_____、

_____3 种。

4. 轮胎气压表由_____、_____、_____、_____、_____等组成，表头上只有一个气压计量口，主弹簧的长度为 60～100mm，这种新型气压表结构简单，量程较小，精度高，使用方便，适于测量_____。

5. 使用轮胎气压表测量轮胎气压的步骤如下所述。

（1）将车辆停放于平地上。_____

_____。

（2）用力_____，使其与气门嘴实现密封，空气便会从轮胎进入轮胎气压表中。注意，_____

_____。

（3）读取轮胎气压表的压力数据。

6. 轮胎气压表使用时的注意事项如下。

（1）_____，并保证连接牢固，以防轮胎内的空气泄漏。

（2）使用轮胎气压表给轮胎充气时，时间不能太长，_____

_____。

（3）轮胎气压表使用后应注意_____，以避免碰撞损坏。

7. 气缸压力表的作用和组成如下所述。

气缸压力表用于_____。

气缸压力表主要由_____、_____、_____等组成。气缸压力表按用途和结构不同分为汽油机气缸压力表和柴油机气缸压力表两种。

8. 气缸压力表的检查方法：_____

_____。

9. 测量汽油机气缸压缩压力的使用方法如下。

（1）起动发动机，_____，关闭发动机。

（2）_____，拆下发动机盖（如有）。

（3）拔出点火线圈，拆下各缸火花塞。断开_____。

（4）排除气缸内的废气，_____，用力压紧。

（5）用起动机转动曲轴，转速约为_____。记下压力表读数，测试_____取平均值。然后_____。

（6）气缸压力低于标准（如解放 CA141 型和东风 EQ140 型汽车发动机的气缸压力应不低于 0.833MPa）时，_____，然后再检测气缸压力，若压力明显上升，则表示活塞环磨损，若压力不变，则表明气门或气缸垫漏气。

10. 压力表读数分析。

（1）正常情况：_____。

（2）活塞环故障：第一次冲程压力_____，之后的冲程中压缩程度逐步_____，但压力达不到正常值，向气缸补充机油后压力有明显的_____。

（3）气门故障：第一次冲程压缩程度_____，之后的冲程中压缩程度也没有_____的趋势，向气缸补充机油后压缩压力没有明显的_____。

11. 内径百分表是_____的组合，用以测量或检验零件的内孔、深孔直径及其形状精度。

12. 内径百分表测量架的内部结构。在三通管的一端装着活动测头，另一端装着_____，在垂直管口的一端通过连杆装有_____。活动测头的移动，使_____回转，通过活动杆推动百分表的测量杆，使百分表指针产生回转。由于杠杆的两侧触点是等距离的，当活动测头移动 1mm 时，活动杆也移动 1mm，推动百分表_____。所以，活动测头的移动量，可以在百分表上读出来。

13. 内径百分表用来测量圆柱孔的内径，它附有成套的_____，使用前必须先进行组合并_____。将百分表装入连杆内，使短指针指在_____位置上，长指针和连杆轴线重合，表头朝向应满足_____，以便于测量时观察。百分表装好后应予以_____。测量前，应_____。测量时，_____，_____，同时应在圆柱孔的圆周上_____，得出孔径的实际尺寸，核对是否在公差范围以内。

14. 内径百分表的设定方法。

（1）使用游标卡尺测量气缸内径，_____。

（2）根据标准值选择可换测头（在可换测头上标有其尺寸，其他规格以 5mm 为单位递增）和一个调整垫圈。调整垫圈用于微调的测头长度。安装完成后，百分表的测量杆（活动测头和可换测头间的长度）比缸径大_____。

（3）当百分表安装到连杆上时，百分表的测量杆约有_____。

15. 内径百分表的零位校准方法。

（1）将千分尺上的数值设置到由_____

_____。

（2）将百分表的可换测头和活动测头_____

_____。

（3）固定可换测头端，_____

_____

_____。

16. 气缸内径的测量方法。

（1）抓住连杆的隔热套，使活动测头端轻压气缸套内壁，以15°的角度慢慢地_____

_____。

（2）左右移动内径百分表寻找_____。

（3）读出_____。

（4）分别在距_____、_____和_____

_____测量。

17. 缸壁截面是一个精确的圆。但_____，而且
活塞均暴露在高温高压下，缸壁截面可能变成_____。

18. 测量气缸内径时，测量的部位应在_____

_____。

19. 量具的维护和保养。

（1）测量前，应_____，
以免因有脏物存在而影响测量精度。

（2）在机床上测量零件时，_____再进行，否则不但使
量具的测量面过早磨损而失去精度，而且会造成事故。

（3）量具在使用过程中，不要_____，
以免碰伤量具。

（4）量具是测量工具，绝对不能_____。例如，
用游标卡尺划线，用千分尺当小榔头，用钢直尺当螺钉旋具旋拧螺钉，以及用钢直尺清理切
屑等都是错误的。

（5）温度对测量结果影响很大。精密测量操作中，一定要使被测零件和量具都在_____
_____的情况下进行测量。

（6）不要把精密量具_____，以免使
量具感磁。

（7）发现精密量具有损伤或故障时，如量具表面不平、有毛刺、有锈斑、刻度不准、尺身弯曲变形、活动不灵活等，使用者不应自行拆修，更不允许自行用榔头敲、锉刀锉、砂布打光等粗糙办法修理，以免进一步增大量具误差。

（8）量具使用后，应＿＿＿＿＿＿＿＿＿＿＿＿＿，除不锈钢量具或有保护镀层的以外，其他量具的金属表面应＿＿＿＿＿＿＿＿＿＿＿＿＿＿＿＿＿，放在专用的盒子里，保存在干燥的地方，以免生锈。

（9）精密量具应＿＿＿＿＿＿＿＿＿＿＿＿＿。长期使用的精密量具，要定期＿＿＿＿＿＿
＿＿＿＿＿＿＿＿＿＿＿＿，以免因量具的示值误差超差造成产品质量事故。

实践操作训练

参照教程补全用游标卡尺、千分尺、内径百分表测量发动机气缸套直径的操作步骤，并在实训车间完成实践操作。

（1）将气缸套和量具清洁干净。

（2）目测检查气缸套内壁是否有＿＿＿＿＿＿＿＿＿＿＿＿＿＿＿＿＿＿＿＿＿＿＿缺陷，如有则需更换，不再进行测量。

（3）用＿＿＿＿＿＿＿＿＿＿＿初步测量气缸套内径，为设定内径百分表提供依据。如图2-16所示，测得内径为69.5mm，通过查维修手册得知其标准缸径为69.70mm。

（4）检查内径百分表＿＿＿＿＿＿＿＿＿＿＿＿＿＿＿＿＿＿＿＿＿＿＿＿＿＿＿＿，
＿＿＿＿＿＿＿＿＿＿＿＿＿＿＿＿＿＿＿＿＿＿＿＿＿＿＿＿，如图2-17所示。

图2-16 用游标卡尺初测气缸套内径

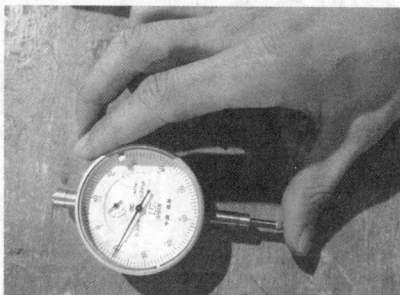

图2-17 目测检查内径百分表

（5）将百分表装入内径百分表的连杆中，百分表有0.5～1mm的压入量。选择66～74mm的固定测量杆安装好，如图2-18所示。注意：＿＿＿＿＿＿＿＿＿＿＿＿＿＿＿＿＿＿＿＿。

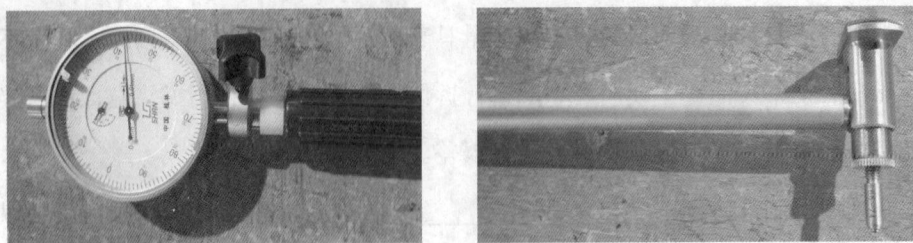

图 2-18　装好内径百分表

（6）将千分尺两测砧距离调到 69.5mm 并锁紧，将_____

_____。拧转可换测头，使百分表的指针转动 0.5～1 圈，以方便气缸套的测量，如图 2-19 所示。

图 2-19　调整千分尺和百分表

（7）将固定测量杆端保持稳定，上下摆动活动测头端，使百分表_____，

转动百分表表圈_____，如图 2-20 所示。注意：此处为动态调零，可能要调几次才准确。

（8）单手握住内径百分表连杆隔热套，先将_____，

以 15° 的角度压入，然后慢慢摆动连杆，使其与气缸套的中心重合，如图 2-21 所示。

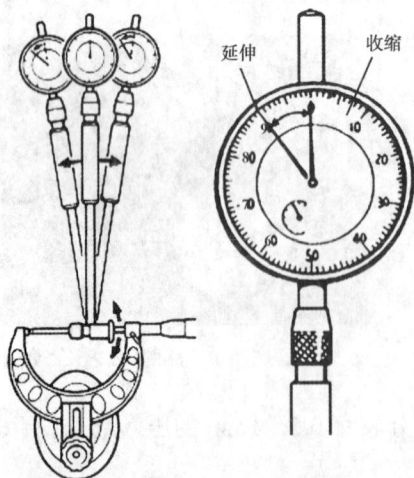

图 2-20　对百分表进行零位校准

图 2-21　将内径百分表活动套端放入气缸

（9）当指针到达压缩端最小值时，记录读数。

注意：指针在"0"刻度线的左边（延伸端）则读数为"+"，在"0"刻度线的右边（收缩端）则读数为"-"。图 2-22 所示读数为+0.23mm，气缸的直径为：69.50mm+0.230mm=69.730mm。

（10）按要求分别对气缸套的其他位置进行测量，将测量结果填入表 2-4，并计算气缸套的圆度及圆柱度误差。测量的位置为＿＿＿＿＿＿＿＿＿＿＿＿、＿＿＿＿＿＿＿＿＿＿＿＿、

＿＿＿＿＿＿＿＿＿＿＿＿，如图 2-23 所示。

图 2-22　读测量值

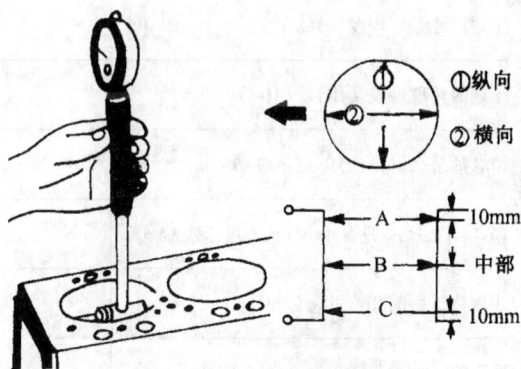

图 2-23　测量位置

表 2-4　　　　　　　　　　　　　气缸测量数据记录表　　　　　　　　　　　单位：mm

位置 \ 气缸	第一缸		第二缸		第三缸		第四缸	
	直径 1（纵向）	直径 2（横向）	直径 1（纵向）	直径 2（横向）	直径 1（纵向）	直径 2（横向）	直径 1（纵向）	直径 2（横向）
位置一								
位置二								
位置三								
圆度								
圆柱度								

判断结论：＿＿

＿＿

＿＿

＿＿

考核

学生学习评价表

评价内容及评分标准		自我评价(打分)	小组相互评价(打分)	教师评价(打分)
信息收集 （15 分）	理解任务或问题的程度（5 分）			
	收集信息的完整性（5 分）			
	对信息（知识）的领悟性（5 分）			
制订计划 （20 分）	计划制订参与程度（10 分）			
	计划的合理性及实用性（10 分）			
修改计划 （15 分）	和老师怎么讨论计划（5 分）			
	和老师讨论后，是否知道如何改进计划（5 分）			
	计划修改后的完整性（5 分）			
实施 （20 分）	是否按计划进行工作（5 分）			
	是否亲自实施计划（5 分）			
	是否记录工作过程及结果（10 分）			
检查 （15 分）	是否按计划的要求去完成任务（5 分）			
	是否达到预期目标（5 分）			
	整个工作流程是否与标准流程符合（5 分）			
评价 （15 分）	是否按计划完成了任务或解决了问题（5 分）			
	在哪个环节上可以改进（2 分）			
	学习团队的合作情况（3 分）			
	现场 5S 及劳动纪律（5 分）			
总分（100 分）				
总评				

一体化项目（任务）考核评分表

任课教师签字：

序号	考核内容	配分	评分标准	考核记录	扣分	得分
一	用游标卡尺和内径百分表测量发动机的缸径	5	准备工具、零件			
		5	清洁零件			
		5	用游标卡尺预测气缸内径			
		5	检查、校核内径百分表，选择量杆			
		10	安装内径百分表			
		15	校准内径百分表			
		15	测量气缸内径			
		15	计算圆度和圆柱度			
二	职业素养	10	课堂的纪律性			
		5	文明操作			
		5	工具及设备的整齐、清洁度			
三	基础知识填空	5	回答正确，书写工整，按时全部完成			
	合计	100				

综合训练

一、任务引入

2016 款宝骏汽车的发动机气缸套、气缸体需要测量直径，请根据所学知识准备气缸套、气缸体测量所需量具，并按规定对气缸套、气缸体进行测量。

二、知识链接（量具相关的知识点参见教程内容）

1. 游标卡尺的使用方法及读数原理。

2. 千分尺的使用方法及读数原理。

3. 百分表的使用方法及读数原理。

4. 塞尺（厚薄规）的使用方法。

5. 刀口尺、钢直尺的使用方法。

三、制订计划

老师将学生分成若干小组，每组5人左右，每组选出一个组长，组长负责对组员进行任务分配，组员按照组长的要求完成相应的任务，并将所完成的任务内容填入任务计划表中。

任务计划表

序号	任务	个人任务	完成情况	教师或组长检验结果
1	发动机气缸套、气缸体的测量：请根据所学知识准备发动机气缸套、气缸体所需量具，并按规定对发动机气缸套、气缸体进行测量			
2				
3				
4				
5				
6				
7				

四、检查、修改计划

教师检查学生所做的计划，根据要求提出相应的修改计划，填入下表，如计划做得较完美则无须修改，直接进入下一阶段。

检查、修改后任务计划表

序号	任务	个人任务	完成情况	教师或组长检验结果
1	发动机气缸套、气缸体的测量：请根据所学知识准备发动机气缸套、气缸体所需量具，并按规定对发动机气缸套、气缸体进行测量			
2				
3				
4				
5				

五、任务实施

（一）教学准备

1. 一体化实训场地准备：工作台、发动机等。

2．工具准备：测量工具。

3．资料准备：教学课件、视频资料、维修手册、网络教学资源。

（二）填写量具使用卡

根据制订的方案实施任务，并按要求填写量具使用卡。

量具使用卡

量具清单			
量具方案及使用情况	1．气缸套量具：		
	2．气缸体平面量具：		
	3．量具使用情况：		
组员签字		组长签字	指导教师签字

3 钳工

钳工基础

基础知识填空

1. 钳工的应用范围很广，主要包括哪些方面？

（1）加工前的准备工作，如_____等。

（2）在单件或小批量生产中，_____。

（3）加工精密零件，如锉样板、刮削或_____等。

（4）装配_____。

（5）维修设备。

2. 钳工工作台可简称_____，它一般是由坚实木材制成的，也有用铸铁件制成的。钳工工作台要求牢固和平稳，台面高度为_____，其上装有防护网。

3. 台虎钳是_____。台虎钳有固定式和回转式两种。

4. 台虎钳的主体由铸铁制成。台虎钳分_____两个部分，台虎钳钳口的张开或合拢，是_____

_____而实现的。台虎钳转盘座用螺栓紧固在钳台上。对于回转式台虎钳，台虎钳的转盘座靠两个锁紧螺钉紧合，根据需要，松开锁紧螺钉，便可对台虎钳进行圆周旋转。

5. 工件在台虎钳上的夹持方法。

（1）工件应夹持在台虎钳钳口的中部，以使_____。

（2）台虎钳夹持工件时，只能尽双手的力扳紧手柄，不能在手柄上加套管子或用锤敲击，以免损坏台虎钳_____。

（3）锉削长工件时，只可锉台虎钳夹紧的部分，锉其余部分时，_____

_____。

（4）锉削宽度较大的工件时，工件伸出钳口的长度要短，_____

_____。

（5）夹持槽铁时，槽底必须夹到钳口上。为了避免_____

_____。

（6）夹持圆棒料时，应在台虎钳一侧钳口处放入 V 形槽垫铁加以保护。

（7）夹持铁管时，应在台虎钳钳口处放入一对 V 形槽垫铁加以保护，否则铁管会被夹扁变形，尤其是薄壁管更容易被夹扁变形。

（8）夹持表面光洁的工件时，应_____加以保护。

（9）可以在砧面上锤击工件，但锤击力不能太大，否则会_____。

（10）台虎钳内的_____应经常加润滑油润滑。

6. 手锤由锤头和锤柄组成，是钳工常用的_____。锤头有方头锤和圆头锤之分，用碳素工具钢锻制，并经_____。手锤规格用锤头的质量来表示，一般有_____等；锤柄长度一般为 350mm。

7. 为了防止锤头脱落，木柄装入锤孔中后，必须用带有_____

_____，其深度为手锤孔深的三分之一。

8. 紧握法是右手的_____，大拇指贴在食指上，柄尾露出_____。在挥锤和锤击时握法不变。

9. 松握法是只用大拇指和食指始终握紧锤柄。当_____（挥锤过程），逐渐放松_____。锤击过程中，将放松的手指逐渐收紧，并加速手锤运动。此法掌握熟练后，不但可以_____，所以松握法比紧握法好。

10. 挥锤方法有_____ 3 种。

11. 正确的站立姿势会使全身不易疲劳，方便用力。钳工在工作时要稳定地站在台虎钳的近旁，脚的位置通常是左前右后。左脚向前半步，约一锤柄长。_____，膝盖稍微弯曲，保持自然。右脚稍微朝后，站稳伸直，作为主要支点。_____。头部不要探前或后仰，面向工作台，目视錾子刃口。

考核

学生学习评价表

评价内容及评分标准		自我评价(打分)	小组相互评价(打分)	教师评价(打分)
信息收集 （15分）	理解任务或问题的程度（5分）			
	收集信息的完整性（5分）			
	对信息（知识）的领悟性（5分）			
制订计划 （20分）	计划制订参与程度（10分）			
	计划的合理性及实用性（10分）			
修改计划 （15分）	和老师怎么讨论计划（5分）			
	和老师讨论后，是否知道如何改进计划（5分）			
	计划修改后的完整性（5分）			
实施 （20分）	是否按计划进行工作（5分）			
	是否亲自实施计划（5分）			
	是否记录工作过程及结果（10分）			
检查 （15分）	是否按计划的要求去完成任务（5分）			
	是否达到预期目标（5分）			
	整个工作流程是否与标准流程符合（5分）			
评价 （15分）	是否按计划完成了任务或解决了问题（5分）			
	在哪个环节上可以改进（2分）			
	学习团队的合作情况（3分）			
	现场5S及劳动纪律（5分）			
总分（100分）				
总评				

任务二　锯削

基础知识填空

1. 手锯由＿＿＿＿＿＿＿＿＿＿＿＿＿＿两部分组成。锯弓是用来＿＿＿＿＿＿＿＿＿＿＿＿的工具，有固定式和可调式两种。可调式锯弓的前段可套在后段内自由伸缩。

2. 锯条的选择：根据工件材料的硬度和厚度选用不同粗细锯齿的锯条。锯软材料或厚件时，容屑空间要大，应选用＿＿＿＿＿＿＿＿＿＿＿＿；锯硬材料和薄件时，锯削的齿数要多，而锯削量少且均匀，为尽可能减少崩齿和钝化，应选用＿＿＿＿＿＿＿＿＿＿＿＿＿＿。

3. 锯削的基本操作方法。

（1）根据工件材料及厚度＿＿＿＿＿＿＿＿＿＿＿＿＿＿＿＿＿＿＿＿＿＿＿＿＿＿。

（2）将锯条安装在锯弓上，＿＿＿＿＿＿＿＿＿＿＿＿。用两个手指的力旋紧旋钮，＿＿＿＿＿＿＿＿＿＿＿，使锯条的＿＿＿＿＿＿＿＿＿＿＿，否则锯削时易折断锯条。锯条安装好后，应检查＿＿＿＿＿＿＿＿＿＿＿＿＿＿＿＿＿＿＿＿＿＿。

（3）工件应尽可能夹在台虎钳左边，以免＿＿＿＿＿＿＿＿＿＿＿＿＿＿＿＿＿＿＿＿。

（4）锯削时站立位置与錾削基本一致，所不同的是两脚距离为锯弓之长。握锯时，要舒展自然，右手握稳锯柄，左手轻扶在锯弓前端的弯头处。在推锯时，身体略向前倾，自然地压向锯弓，当推进大半行程时，＿＿＿＿＿＿＿＿＿＿＿＿＿＿＿＿。回程时，左手把锯弓略微抬起一些，让锯条在工件上轻轻滑过，待身体回到初始位置，再准备第二次的往复。在整个锯削过程中，应保持锯缝的平直，如有歪斜应及时修正。

（5）起锯分为＿＿＿＿＿＿＿＿＿＿＿＿＿＿＿＿＿＿＿。

（6）锯削硬材料时，因不容易切入，压力应＿＿＿＿＿＿＿＿＿＿＿＿＿＿＿＿＿＿，
＿＿＿＿＿＿＿＿＿＿＿＿＿＿＿＿＿＿＿＿＿＿＿＿＿＿＿＿＿＿＿＿。

（7）快锯断时，用力＿＿＿＿＿＿＿＿＿＿＿＿＿，＿＿＿＿＿＿＿＿＿＿＿。

（8）锯钢料时应加机油润滑。铸铁中因有石墨起润滑作用，可不加机油。

4. 锯削安全技术。

（1）锯条松紧要适当，_____。

（2）锯削时对手锯的压力不能太大，否则会_____。

（3）工件将要锯完时，应用手扶着_____，防止_____。

5. 锯扁钢时，应_____。

6. 槽钢的锯削与扁钢一样，_____，_____，

_____，_____。

7. 锯深缝时，先_____，当锯缝的高度达到锯弓高度时，锯弓就会与工件相碰，此时_____，使锯弓转到工件的侧面，然后按原锯路继续锯削。

8. 锯削薄板料时，将_____，_____，这样增加了薄板料锯削时的刚性，防止锯齿折断。

9. 锯齿崩裂（即使只有一个齿崩裂）的锯条，_____，_____。

考核

学生学习评价表

评价内容及评分标准		自我评价（打分）	小组相互评价（打分）	教师评价（打分）
信息收集（15分）	理解任务或问题的程度（5分）			
	收集信息的完整性（5分）			
	对信息（知识）的领悟性（5分）			
制订计划（20分）	计划制订参与程度（10分）			
	计划的合理性及实用性（10分）			
修改计划（15分）	和老师怎么讨论计划（5分）			
	和老师讨论后，是否知道如何改进计划（5分）			
	计划修改后的完整性（5分）			

	评价内容及评分标准	自我评价（打分）	小组相互评价（打分）	教师评价（打分）
实施 （20分）	是否按计划进行工作（5分）			
	是否亲自实施计划（5分）			
	是否记录工作过程及结果（10分）			
检查 （15分）	是否按计划的要求去完成任务（5分）			
	是否达到预期目标（5分）			
	整个工作流程是否与标准流程符合（5分）			
评价 （15分）	是否按计划完成了任务或解决了问题（5分）			
	在哪个环节上可以改进（2分）			
	学习团队的合作情况（3分）			
	现场5S及劳动纪律（5分）			
	总分（100分）			
总评				

任务三 锉削

基础知识填空

1. 锉刀由＿＿＿＿＿＿、＿＿＿＿＿＿＿、＿＿＿＿＿＿＿、＿＿＿＿＿＿＿和锉柄等部分组成，锉刀面、锉刀边和锉齿是锉刀的工作部分。

2. 锉刀根据形状不同，可分为＿＿＿＿＿＿＿＿＿、＿＿＿＿＿＿＿＿＿、＿＿＿＿＿＿＿、三角锉、圆锉等。

3. 为延长锉刀的使用寿命，应注意哪些事项？

（1）不可锉削毛坯件表面的硬皮、氧化皮，＿＿＿＿＿＿＿＿＿＿＿＿＿＿＿＿＿＿。

（2）先使用锉刀一面，当该面用钝后_____。

（3）锉刀要分开放置，_____。

（4）锉削时不能洒水、沾油或用手去摸锉刀面，以免引起_____。

（5）锉削过程中应及时用钢丝刷或薄口黄铜板顺纹清除锉齿槽内的积屑。

（6）切不可用锉刀当_____。

4. 正确握持锉刀有助于_____。应根据锉刀的大小和形状，采用不同的握持方法。

5. 较大锉刀的握法：_____

_____

_____

_____

_____。

6. 中、小型锉刀的握法：由于锉刀尺寸小，本身强度不高，锉削时所施加的力不大，因此其握法与大锉刀相同，其余_____；左手持锉位置则根据锉削用力轻重而异：重锉时，_____，其余四指弯放在下面；细锉时，_____；极轻微的锉削时，可不用左手持锉刀，只用右手食指压在锉上面；使用异形锉刀锉削时，右手握住锉柄，左手按在右手和锉刀尾上。

7. 锉削时站立位置与錾削基本相同，只不过_____，力求自然，方便用力，以适合不同的加工要求为宜。

8. 锉削姿势，如图3-1所示。锉削时，_____，_____，_____，靠左膝的屈伸做往复运动。锉的动作由身体和手臂运动合成。开始锉削时，身体要向前倾斜10°左右，_____。锉刀向前推进三分之一时，身体前倾斜15°左右，这时左膝稍弯曲。锉刀再推进三分之一时，身体逐渐倾斜到18°左右。最后三分之一行程，用_____，身体随着锉刀的反作用力退回到初始位置。锉削全程结束后，_____，_____，准备第二次的锉削，如此反复进行。

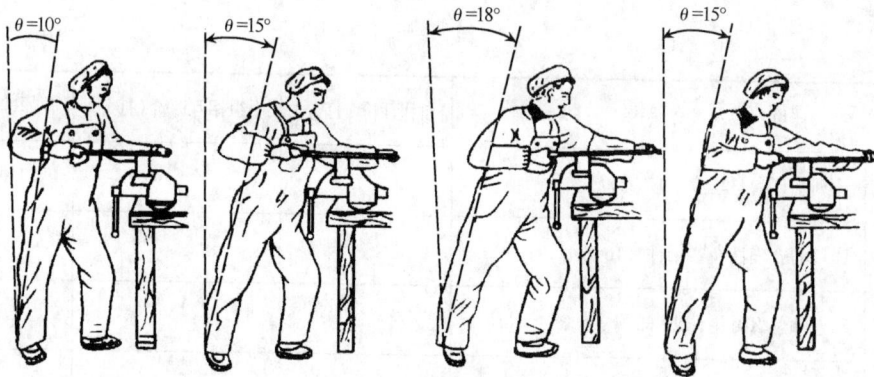

图 3-1 锉削姿势

9. 锉削速度最好控制在_____，速度太快，工作人员容易疲劳，而且会加快锉齿的磨损。

10. 平面锉削的方法有_____、_____、_____。无论哪种锉法，都应该_____，每次抽回锉刀再锉时，应向旁边移动一些。

11. 平面度的检验：_____，_____。

12. 垂直度的检验：_____。

13. 锉削安全技术。

（1）不使用_____进行锉削。

（2）锉屑要用毛刷清除，禁止用_____。

（3）不可用手摸锉刀面和_____。

考核

学生学习评价表

评价内容及评分标准		自我评价（打分）	小组相互评价（打分）	教师评价（打分）
信息收集 （15分）	理解任务或问题的程度（5分）			
	收集信息的完整性（5分）			
	对信息（知识）的领悟性（5分）			

续表

评价内容及评分标准		自我评价（打分）	小组相互评价（打分）	教师评价（打分）
制订计划（20 分）	计划制订参与程度（10 分）			
	计划的合理性及实用性（10 分）			
修改计划（15 分）	和老师怎么讨论计划（5 分）			
	和老师讨论后，是否知道如何改进计划（5 分）			
	计划修改后的完整性（5 分）			
实施（20 分）	是否按计划进行工作（5 分）			
	是否亲自实施计划（5 分）			
	是否记录工作过程及结果（10 分）			
检查（15 分）	是否按计划的要求去完成任务（5 分）			
	是否达到预期目标（5 分）			
	整个工作流程是否与标准流程符合（5 分）			
评价（15 分）	是否按计划完成了任务或解决了问题（5 分）			
	在哪个环节上可以改进（2 分）			
	学习团队的合作情况（3 分）			
	现场 5S 及劳动纪律（5 分）			
总分（100 分）				
总评				

任务四　钻孔与螺纹加工

基础知识填空

1. 钻床的种类很多，常用的有＿＿＿＿＿＿＿＿、＿＿＿＿＿＿＿＿和＿＿＿＿＿＿＿＿3种。

2. 台式钻床安全操作规程。

（1）操作员操作前必须熟悉机床的性能、用途及操作注意事项，初学者严禁单独上机操作。操作人员操作时要＿＿＿＿＿＿＿＿＿＿＿＿＿＿＿＿＿＿＿＿＿，＿＿＿＿＿＿＿＿＿＿＿＿＿＿＿＿＿。

（2）机床电源插头、插座上的＿＿＿＿＿＿＿＿＿＿＿＿＿，＿＿＿＿＿＿＿＿＿＿＿。电线要远离高温、油腻、尖锐边缘的环境，机床要接地线，切勿用力＿＿＿＿＿＿＿＿＿＿＿＿＿＿＿＿＿＿＿＿＿＿＿。当事故发生时，应立即切断电源，再进行维修。

（3）保持工作区内干净整洁，不要在＿＿＿＿＿＿＿＿＿＿＿＿＿＿＿＿＿＿＿＿＿＿＿使用机床。操作者头发不宜过长，以免操作时卷入机床中。

（4）＿＿＿＿＿＿＿＿＿＿＿＿＿＿＿＿＿＿＿＿＿＿＿＿＿＿＿＿＿＿＿＿＿＿＿＿。

（5）不要进行超出机床最大切削能力的工作，避免机床超负荷工作。

（6）保持＿＿＿＿＿＿＿＿＿＿＿＿＿＿＿＿＿＿＿＿＿＿＿＿。

（7）定期＿＿＿＿＿＿＿＿＿＿＿＿＿＿＿＿＿＿＿＿＿＿＿＿＿＿＿＿＿。

（8）使用前，认真检查易损部件，以便及时修理或更换。钻孔径较大的孔时，应用低速进行切削。工作前，必须＿＿＿＿＿＿＿＿＿＿＿＿＿＿＿＿＿＿＿＿＿＿＿＿＿＿＿＿。

（9）操作人员因事要离开岗位时必须先关机，＿＿＿＿＿＿＿＿＿＿＿＿＿＿＿＿＿＿＿＿＿。机器运转异常时，应立即停机交专业人员检修，检修时确保电源断开。

（10）下班前必须把＿＿＿＿＿＿＿＿＿＿＿＿＿＿＿，＿＿＿＿＿＿＿＿＿＿＿＿＿＿，并做好设备的日常保养工作。

3. 立式钻床安全操作规程。

（1）操作人员必须经过专业培训，培训合格并持有设备操作证后，方可进行操作。操作者必须严格遵守有关安全、交接班制度。

（2）使用前，应严格按照润滑规定对钻床进行注油操作，并保持＿＿＿＿＿＿＿＿＿＿＿＿
＿＿＿＿＿＿＿＿＿＿＿＿＿＿＿＿＿＿＿＿＿＿＿＿＿＿＿＿＿＿＿＿＿＿＿＿＿。

（3）检查各部件是否完好，＿＿＿＿＿＿＿＿＿＿＿＿＿＿＿＿＿＿＿＿＿，确认各部件
运转正常后再开始工作；在工作中如发现＿＿＿＿＿＿＿＿＿＿＿＿＿＿＿＿＿＿＿＿＿，
＿＿＿＿＿＿＿＿＿＿＿＿＿＿＿＿＿＿，＿＿＿＿＿＿＿＿＿＿＿＿＿＿＿＿＿＿＿。

（4）安装钻夹头、钻套、钻头时，锥柄应清洁无毛刺并安装牢固。拆卸时，应用＿＿＿＿
＿＿＿＿＿，＿＿＿＿＿＿＿＿＿＿＿＿＿＿＿＿＿＿＿＿＿＿＿＿＿＿＿＿＿＿＿＿＿。

（5）钻通孔及薄板零件时，应垫起工件，以防钻坏工作台面。

（6）＿＿＿＿＿＿＿＿＿＿＿＿＿＿＿＿＿＿＿，＿＿＿＿＿＿＿＿＿＿＿＿＿＿＿＿＿。

（7）工作台上禁止堆放＿＿＿＿＿＿＿＿＿＿＿＿＿＿＿＿＿＿＿。

（8）＿＿＿＿＿＿＿＿＿＿＿＿＿＿＿＿＿＿＿，＿＿＿＿＿＿＿＿＿＿＿＿＿＿＿＿＿。

（9）＿＿＿＿＿＿＿＿＿＿＿＿＿＿＿＿＿＿＿，＿＿＿＿＿＿＿＿＿＿＿＿＿＿＿＿＿。

（10）钻床运转中，操作者不准擅自离开，如需离开或停电时，应升起钻床杆，使钻头离
开工件，并拉断电源开关。

（11）＿＿＿＿＿＿＿＿＿＿＿＿＿＿＿＿＿＿＿＿＿＿＿，＿＿＿＿＿＿＿＿＿＿＿＿＿。

（12）使用后，必须检查清扫设备，做好日常保养工作，并将各操作手柄（开关）置于空
挡（零位），断开电源开关，做到整齐、清洁、安全。

4. 摇臂钻床安全操作规程。

（1）摇臂钻床应由专业人员操作与保养。

（2）作业前应该检查＿＿＿＿＿＿＿＿＿＿＿＿＿＿＿＿＿＿＿＿＿＿＿＿＿＿＿＿＿＿＿是
否存在异常，确认一切正常后才能开机生产。

（3）操作前要穿紧身防护服，袖口扣紧，上衣下摆不能敞开，不得在开动的机床旁＿＿＿＿
＿＿＿＿＿＿＿＿＿＿＿＿＿＿＿＿。＿＿＿＿＿＿＿＿＿＿＿＿＿＿＿＿＿＿＿＿＿＿＿。

（4）在摇臂回转范围内，不得有障碍物，钻削前必须锁紧摇臂。

（5）钻孔作业时，必须缓慢进给，防止卡转引起＿＿＿＿＿＿＿＿＿＿＿＿＿＿＿＿＿，
造成钻出的孔不垂直、不同心。

（6）工具必须装夹牢固可靠，小件必须用＿＿＿＿＿＿＿＿＿＿＿，＿＿＿＿＿＿＿＿＿。

（7）工作中摇臂的高度应调整适当，不宜过高。在加工过程中，摇臂、主轴箱必须处于夹紧状态。

（8）在安装变径套和钻柄时锥度必须符合标准，_____，_____。

（9）工件的装夹必须牢固，钻通孔时必须在_____，_____。

（10）用自动进给钻通孔，在接近钻透时，应改_____。

（11）装卸工件时应将摇臂转在一旁，根据工件重量和形状选择安全吊具，轻起轻放，不得碰撞设备。

（12）在调整自动走刀情况的钻孔深度时，应先使_____

_____，再把进给撞块按要求调到规定深度，并锁紧。

（13）卸钻卡具（刀具）时，应将主轴退至靠近主轴箱端面，再用_____

_____，不得敲打钻杆。

（14）钻孔时，必须经常清除切屑，钻头上_____，

_____，要用刷子或铁钩清除。在扩孔时，不得用偏刃钻具。

（15）工作中注意钻床的超负荷现象，发生异常响声，应立即停止_____

_____，并消除超负荷原因。

（16）攻螺纹时，操纵可逆接合器，使主轴正反转，但必须_____中。

（17）钻床运转中严禁变速。若变速挂轮的手柄挂不到位时，应点动钻床后再变换，但不得强力扳动手柄。

（18）钻孔过程中，钻头未退离工件前不得停车。严禁用手去停住转动着的钻头，反车时，必须等主轴停止后再开动。

（19）薄板、大型或较长的工件竖着钻孔时，必须压牢工件，严禁用_____，

_____；_____，_____。

（20）禁止在设备上焊补或校直工件。

（21）加工作业时，要注意保持钻头、刀具的锋利，_____不得继续使用。

（22）钻削时，要用机床冷却液冷却，不得使用_____。

（23）当设备出现异常现象，如＿＿＿＿＿＿＿＿＿＿＿＿＿＿＿＿＿＿＿＿＿等均不得

强行使用，应＿＿＿＿＿＿＿＿＿＿＿＿。

（24）设备开动时，严禁操作者＿＿＿＿＿＿＿＿＿＿＿＿＿＿＿＿＿＿＿＿＿＿＿＿。

（25）钻床使用后，须卸下钻头，将各手柄置于非工作位置上，主轴箱应停放在靠近立柱

的位置，摇臂适当降低并锁紧，切断电源以防止发生意外。

（26）下班前 15min 停机清扫设备，清扫部位按照设备保养的有关规定进行。操作者要

做好运行保养记录。

5. 钻头的种类有＿＿＿＿＿＿＿＿＿＿＿＿＿＿＿＿＿＿＿＿＿＿＿＿＿＿＿＿＿＿等，

其中＿＿＿＿＿＿＿＿＿＿＿是最常用的钻孔刀具。以上这些钻头的几何形状虽各不相同，但都

有两个对称排列的主切削刃，其切削原理是相同的。

6. 麻花钻由＿＿＿＿＿＿＿＿＿＿＿＿＿＿＿＿＿＿＿＿＿＿＿＿＿＿＿＿＿＿＿＿＿组

成，如图 3-2 所示。

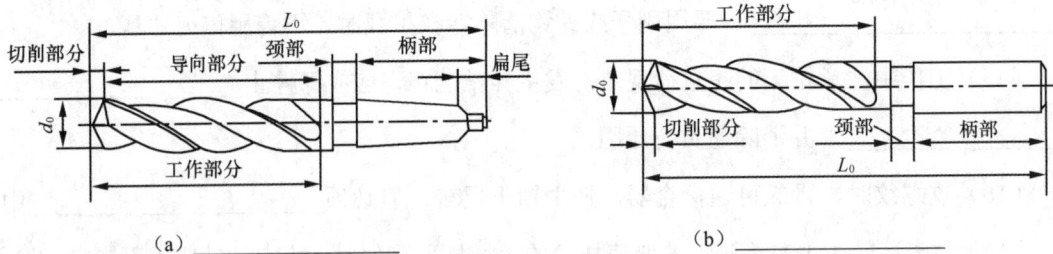

(a) ＿＿＿＿＿＿＿＿＿＿＿   (b) ＿＿＿＿＿＿＿＿＿＿＿

图 3-2　麻花钻

7. 丝锥是专门用来加工内螺纹的刀具。丝锥由工作部分和柄部构成，工作部分包

括＿＿＿＿＿＿＿＿＿＿＿＿＿、＿＿＿＿＿＿＿＿＿＿＿＿＿＿（定位部分），柄部的方头处

有＿＿＿＿＿＿＿＿＿＿＿。

8. 铰杠是用来＿＿＿＿＿＿＿＿＿＿＿＿＿＿＿＿＿＿＿＿＿＿＿＿＿的专用工具。

9. 板牙是＿＿＿＿＿＿＿＿＿＿＿＿＿＿＿＿＿＿，板牙的原型是一个螺母，它由＿＿＿＿＿

＿＿＿＿＿＿＿＿＿＿＿＿＿＿＿＿＿＿＿组成。＿＿＿＿＿＿＿＿＿＿是板牙两端有切削锥角的部

分。板牙两端面均有＿＿＿＿＿＿＿＿＿＿＿＿，一面磨损后，可换另一面使用。＿＿＿＿＿＿＿

是板牙中间的一段，也是套螺纹时的导向部分。在板牙的前面对称钻有 4 个＿＿＿＿＿＿＿＿，

用以排出套螺纹时产生的切屑。

10. 板牙架是_____。板牙架是_____。板牙架上有装有螺钉，将板牙紧固在架内。

11. 钳工操作中，手攻螺纹占的比重很大。手攻螺纹包括_____。用丝锥在圆孔的内表面上加工内螺纹称为_____（见图 3-3（a））；用板牙在圆杆的外表面加工外螺纹称为_____（见图 3-3（b））。

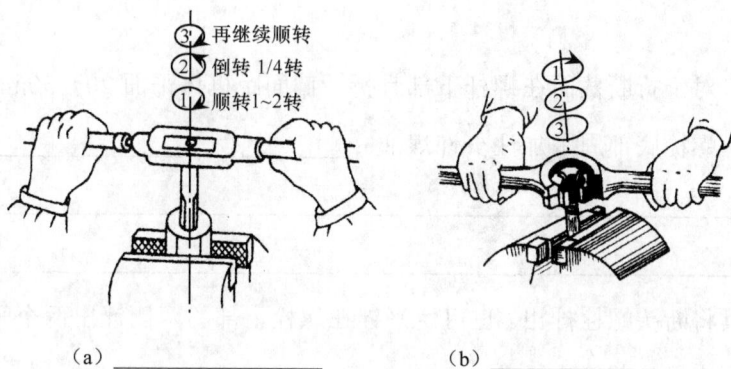

（a）_____　　　　　　　（b）_____

图 3-3　螺纹加工

12. 攻螺纹时，丝锥方头夹于铰杠方孔内，先用_____，两手均匀加压，转动铰杠。当头攻切入 2 牙左右后，用 90°角尺在两个垂直平面上进行检查，以保证丝锥与工作表面垂直。用头攻攻螺纹时，_____，_____，以断屑。用二攻或三攻攻螺纹时，旋入几圈后，只转动铰杠，不再加压。

13. 套螺纹是用_____。

14. 套螺纹的起套方法与攻螺纹的起攻方法一样，用一只手的手掌_____，另一只手_____，动作要慢，压力要大，同时保证板牙端面与圆杆轴线垂直。在板牙切入圆杆 2 圈之前检查垂直度并及时校正。板牙切入 4 圈后不能再对板牙施加进给力，让板牙自然前进。套螺纹过程中要不断倒转断屑。

15. 断头螺栓的修理方法有哪些？

（1）管钳法。对于折断截面在螺杆中上部的断头螺栓，先在缸体表面螺栓底部周围加注少许煤油，并用铁锤向下适当地敲击螺杆；选用_____，管钳底部距缸体约为 5mm 为宜；用手把紧螺杆的上部分，在拆卸时_____；

先用管钳顺着螺栓拧紧方向拧 1/10～1/8 圈，然后＿＿＿＿＿＿＿＿＿＿将断头螺栓拧松并取出。

（2）烤弯螺杆法。对于折断截面在螺杆中上部而用管钳法不能拆卸的断头螺栓，先用布将在机体表面螺栓底部周围的油擦拭干净（防止烤弯螺栓时着火），用铁锤向下适当敲击螺杆；用气焊将螺杆烤弯 80°～90°（弯点距螺孔 20～30mm 为宜）；待螺栓冷却后，在机体表面、螺栓底部周围加注少许煤油；将长钢管套在烤弯后的螺杆上，用加长力臂的方法拧松断头螺栓并取出。

（3）锉削法。对于折断截面在螺杆下部且折断截面距机体平面 20～50mm 的断头螺栓，先在机体表面、螺栓底部周围加注少许煤油；＿＿；然后用螺钉旋具将断头螺栓拧出。也可用平锉在螺栓上部的两侧锉出两个平行的平面，然后用扳手或自制工具将其拧出。

（4）焊接法。对于折断截面在螺杆下部且折断截面距机体平面 10～20mm 的断头螺栓，因用锉削法不便拆卸，可先用＿＿＿，待螺杆和螺母冷却后在其间隙内加注少许煤油；0.5h 后，用扳手先顺着螺栓拧紧的方向拧 1/10～1/8 圈，再反方向将断头螺栓拆下。也可以焊接一弯角螺杆或钢棍，角度为 80°～90°，其拆卸方法与烤弯螺杆法相同。

（5）钻孔法。对于在螺孔内折断且其折断截面低于机体表面的断头螺栓，可在＿＿；在孔内插入一经淬火处理过的圆锥钎，适当地敲击圆锥钎后，用管钳法将断头螺栓拧出。

（6）攻螺纹法。对于断在螺孔内用钻孔法也不能拆卸的断头螺栓，可在＿＿＿＿＿＿＿＿＿＿＿＿＿＿＿＿＿＿＿＿＿＿＿＿＿＿＿＿＿＿＿＿＿＿＿＿然后拧入左旋螺纹螺钉，用扳手将断头螺栓拧松并取出。

考核

学生学习评价表

评价内容及评分标准		自我评价（打分）	小组相互评价（打分）	教师评价（打分）
信息收集 （15分）	理解任务或问题的程度（5分）			
	收集信息的完整性（5分）			
	对信息（知识）的领悟性（5分）			
制订计划 （20分）	计划制订参与程度（10分）			
	计划的合理性及实用性（10分）			
修改计划 （15分）	和老师怎么讨论计划（5分）			
	和老师讨论后，是否知道如何改进计划（5分）			
	计划修改后的完整性（5分）			
实施 （20分）	是否按计划进行工作（5分）			
	是否亲自实施计划（5分）			
	是否记录工作过程及结果（10分）			
检查 （15分）	是否按计划的要求去完成任务（5分）			
	是否达到预期目标（5分）			
	整个工作流程是否与标准流程符合（5分）			
评价 （15分）	是否按计划完成了任务或解决了问题（5分）			
	在哪个环节上可以改进（2分）			
	学习团队的合作情况（3分）			
	现场5S及劳动纪律（5分）			
总分（100分）				
总评				

一体化项目（任务）考核评分表

任课教师签字：

序号	考核内容	配分	评分标准	考核记录	扣分	得分
一	利用圆钢制作M10的六角螺母	5	尺寸要求：高（15±0.5）mm			
		5	尺寸要求 $20^{+0.2}_{0}$ mm（3处）			
		5	平面度误差 0.08mm（6面）			
		10	平行度误差 0.15mm（3组）			
		10	平行度误差 0.12mm			
		15	垂直度误差 0.08mm（6面）			
		15	表面粗糙度 $Ra \leq 6.4 \mu m$			
		10	锉纹整齐			
		5	螺纹孔的对称度误差 0.4mm（3处），工时 9h			
二	职业素养	5	课堂的纪律性			
		5	文明操作			
		5	工具及设备的整齐、清洁度			
三	基础知识填空	5	回答正确，书写工整，按时全部完成			
合计		100				

综合训练

一、任务引入

2016 款宝骏汽车的发动机曲轴和正时链轮连接处需要制作一个半圆键，请根据所学知识准备材料及制作半圆键所需工具。

二、知识链接（钳工相关的知识点参见教程内容）

1. 钳工基础知识。

2. 锯削的基本理论及工具使用知识。

3. 锉削的基本理论及工具使用知识。

4. 相关量具的理论及使用知识。

三、制订计划

老师将学生分成若干小组，每组 5 人左右，每组选出一个组长，组长负责对组员进行任务分配，组员按照组长的要求完成相应的任务，并将所完成的任务内容填入任务计划表中。

任务计划表

序号	任务	个人任务	完成情况	教师或组长检验结果
1				
2				
3	制作半圆键：请根据所学知识			
4	准备制作半圆键的材料及工具，			
5	并按照教师给的尺寸制作半圆键			
6				
7				

四、检查、修改计划

教师检查学生所做的计划，根据要求提出相应的修改计划，填入下表，如计划做得较完美则无须修改，直接进入下一阶段。

检查、修改后任务计划表

序号	任务	个人任务	完成情况	教师或组长检验结果
1	制作半圆键：请根据所学知			
2	识准备制作半圆键的材料及			
3	工具，并按照教师给的尺寸制			
4	作半圆键			
5				

五、任务实施

（一）教学准备

1. 一体化实训场地准备：工作台、发动机等。

2. 工具准备：测量工具、圆钢、钳工工具。

3．资料准备：教学课件、视频资料、维修手册、网络教学资源。

（二）填写工量具使用卡

根据制订的方案实施任务，并按要求填写工量具使用卡。

工量具使用卡

工具清单	
工量具方案及使用情况	1.钳工工具：
	2.测量工具：
	3.工具使用情况：
组员签字		组长签字		指导教师签字	

附录 期末总评

	项目及所占比例	各项目考试得分	折算后得分	总评分
项目一（30%）	任务一（6%）			
	任务二（6%）			
	任务三、任务四（4%）			
	任务五（4%）			
	任务六（10%）			
项目二（40%）	任务一（10%）			
	任务二、任务三、任务四（30%）			
项目三（30%）	任务一～任务四（30%）			